Vicky Gabriel & Jessica Hofmann

Teenwitch

Die wilde Magie
der jungen Hexen

Arun

Copyright © 2002 by Arun-Verlag.
Arun-Verlag, Ortsstr. 28, D-07407 Engerda,
Tel.: 036743 / 233-0, Fax: 036743 / 233-17,
email: info@arun-verlag.de,
Internet: www.arun-verlag.de.
Titelblattmotiv: Mauritius / AGE, Bild-Nr: 03414331.
Gesamtherstellung: Satz & Druck Centrum, Saalfeld.

ISBN 3-935581-16-5

Inhalt

Ich trau
meinen Augen
nicht ...

Viele Menschen
glauben nur das,
was sie sehen.
Aber jenseits der alltäglichen
Wirklichkeit gibt es noch
weitere, geheimnisvolle Welten.
Und Hexen sehen mehr
zwischen Himmel und Erde
als die Schulweisheit sich
träumen läßt.

Betrachte die Seiten
dieses Buches
im Dunkeln
(nachts bei Vollmond,
unterm Kopfkissen, ...)
beim Licht einer
Schwarzlichtbirne
(für 2.- Euro in jedem
Baumarkt zu haben)
und Du wirst
Dinge sehen,
die man bei Tag
nicht sehen
kann.

Probiere es
doch gleich an dieser Seite aus ...

Einleitung

Merry Meet!

Eine Vielzahl von Produkten, Filmen, Serien und Printmedien beweisen es: Der Begriff der »Hexe« boomt. Viele Hersteller bedienen sich fleißig des Motivs der Hexe, Figürchen und Logos verkaufen sich blendend, und die Kassen klingeln sogar in Bereichen, die auf den ersten Blick gar nicht damit in Zusammenhang zu stehen scheinen. Wenn sogar das Cover einer Techno-CD von einer Hexe geziert wird, kommen manche Leute ins Grübeln, und andere fürchten sich sogar. Die Hexen freut es allerdings, denn solche Dinge deuten darauf hin, daß sich das Bild der bösen Hexe tatsächlich langsam verwandelt und zu einer durchaus werbewirksamen, modernen (also doch beliebten?) Variante der weisen Männer und Frauen wird.

Aber nicht nur die Hexen selbst, sondern auch Fabelwesen, Geister und heidnische Götter finden neuerdings z.B. in Parfümnamen und Pflegeprodukten ihren Niederschlag. Viele Hexen sind der Ansicht, daß solche Geschöpfe keineswegs nur dem Reich der Phantasie angehören. Sie gehen davon aus, um das »Mehr« zwischen Himmel und Erde zu wissen. Für sie ist das Unsichtbare »ganz normal«, weshalb es ihnen auch keine Probleme bereitet, nicht nur den »harten« Tatsachen, sondern auch ihrer Intuition zu vertrauen. Und es werden anscheinend immer mehr, die diesen sogenannten »Hexenglauben« für gar nicht so abwegig halten.

Warum finden immer mehr Menschen zum Hexenglauben?

Wir würden jetzt unheimlich gerne ein paar sehr gewichtige Bemerkungen zur Notwendigkeit einer naturreligiösen Bewegung in Zeiten der ökologischen Krise verlieren - aber Tatsache ist wohl, daß wir Hexen unseren Zulauf zur »Szene« in den letzten Jahren hauptsächlich dem Umstand zu verdanken haben, daß wir in Film und Fernsehen »in« sind. Das ist eigentlich auch gar nicht so schlecht: Natürlich hat der moderne Hexenkult Verantwortungen und Aufgaben, aber darüber hinaus soll er auch Spaß ma-

chen. Eines der bekanntesten Zitate, das Hexen ihrer Göttin zuschreiben, lautet: »Alle Handlungen der Liebe und Freude sind meine Rituale«. Also kann sie eigentlich nichts dagegen haben, wenn jemand zu ihr kommt, weil er während einer Folge von Buffy, Sabrina & Co. zu dem Schluß gekommen ist, daß diese Sache so nebenbei auch unheimlich viel Spaß machen könnte! Wir sind definitiv in den Dingen am besten, die uns Freude bereiten. Also ist Freude an der Sache nicht nur ein glücklicher Luxus, sondern wichtige Voraussetzung, wenn man saubere (Hexen-)Arbeit leisten will. Deshalb ist es eines der grundlegenden Anliegen von Teenwitch, das, was wir hier tun, sowohl mit fundiertem Tiefgang als auch mit einer gehörigen Portion Humor und Lebensfreude zu verbinden. All die hier verwendete Kraft muß ja schließlich von irgendwo herkommen, und deshalb ist es wichtig, immer wieder mal »Fünfe gerade sein zu lassen« und einfach nur aufzutanken. Es ist auch Hexenarbeit, sich hin und wieder in einer ganz »normalen« Disco unter ganz »unmagischen« Menschen einfach völlig auszutoben. Spiritualität findet entweder überall oder gar nicht statt, und verkrampfte Ernsthaftigkeit bringt so gut wie nie etwas. Tut Euch selbst regelmäßig etwas Gutes, das lohnt sich! Vielleicht ist diese Einstellung einer der Gründe, aus denen es immer mehr Menschen zum Hexenglauben zieht.

Neben unserer eigenen Richtung gehen wir in diesem Buch ebenso auf andere Facetten des Hexenbooms ein, darunter auch auf die Bewegung der sogenannten »schwarzen« Hexen, die im Großen und Ganzen das genaue Gegenteil von dem praktizieren, worauf sich die »weißen Hexen« berufen. Auch zu den Prinzipien jener Hexen, die sich selbst dazwischen einordnen und ein Gleichgewicht zwischen den beiden Extremen zu finden bestrebt sind, werden wir ein paar Worte verlieren.

Was ist Teenwitch?

Es war Jess' Idee und auch ihr Ziel, sich besonders um jene Fragen zu kümmern, die gerade Junghexen und Einsteiger zum Hexenkult haben.

Dabei stellten wir fest, daß in vielen Emails nicht nur die »klassischen« Themen wie Räucherungen, Liebeszauber und so fort angesprochen wurden, sondern auch immer wieder Fragen zum Alltag einer Hexe auftauchten - zum Beispiel zu Problemen mit Eltern, die dem Hexenkult kritisch gegenüberstehen, spöttisch bzw. ungläubig reagierenden FreundInnen oder Konfrontationen im Religionsunterricht. So kamen wir zu dem Schluß, daß es an der Zeit sei, gerade Fragen dieser Art in einem Buch zusammenzufassen. Immerhin findet Ihr mittlerweile an jeder Ecke Bücher, in denen steht, wie man räuchert oder Liebeszauber anwendet, aber warum man das tun oder die Finger davon lassen sollte - Fehlanzeige. Außerdem hatten wir beim Le-

sen einiger dieser Bücher oft das Gefühl, von oben herab behandelt zu werden, nur weil es sich um Titel für Magie-Einsteiger handelt. (Originalkommentar von Jess: »Nur weil ich ein Anfänger bin, bin ich doch nicht doof!«)

Aber es geht auch darum, Euch jene Informationen zu geben, die Ihr braucht, um in der »Hexenszene« selbst erkennen und bestimmen zu können, was für Euch gut ist und was nicht. Dann könnt Ihr schmückende Worte, hohle Phrasen und beeindruckendes Zauberstabgewimmel zwar zur Kenntnis nehmen, aber zugleich mit sicherem Blick »hinter die Kulissen« schauen und sehen, was wirklich dahinter steckt, wenn Euch jemand mal wieder »die Wahrheit« erzählt - und dann selbst entscheiden, was für Euch richtig ist und was nicht. Sprich: Es soll Euch keiner mehr ein X für ein U vormachen oder Euch mit Psychotricks in eine Abhängigkeit treiben können. Dennoch bitten wir Euch, respektvoll mit den Ansichten anderer Menschen umzugehen, auch wenn sie von Eurer Meinung abweichen mögen - so, wie auch Ihr respektiert werden wollt. Wir wissen gut, daß dies oft leichter gesagt als getan ist, und bedauerlicherweise sind auch viele Hexen nicht sehr gut darin. Wir fänden es schön, wenn gerade Ihr Hexen-Newbies diesbezüglich einen neuen Wind wehen lassen und so auch dem einen oder anderen uralten Hasen etwas beibringen könntet!

Im Endeffekt ist Teenwitch ein Gemeinschaftsprojekt, das von Euch ebenso geformt wird wie - ehrenamtlich - von uns. So könnt Ihr uns z.B. auf der Homepage Rückmeldungen zu diesem Buch geben, die wir bei weiteren Projekten berücksichtigen werden. Da es unser Anliegen ist, Euch das zur Verfügung zu stellen, was Ihr für eigenverantwortliche Entscheidungen benötigt, kommen wir ohne Eure Ideen und Gedanken nicht weit!

In diesem Sinne: Findet Euren eigenen Weg und laßt uns auch von Euch lernen!

Euer Teenwitch-Team

Gleichberechtigung

ist eine wichtige Sache, die aber leider die Lesbarkeit jedes guten Textes ruiniert. Geht also einfach davon aus, daß wir immer beide Geschlechter meinen, falls wir nicht eindeutig nur eines als gemeint bezeichnen!

Vicky.

Jess

Hexenkult & witchcraft

Hexen verwenden verschiedene Begriffe,
um ihr Tun zu bezeichnen,
u.a. sprechen wir vom Hexenglauben,
der alten Religion, der Kunst oder vom
Hexenkult. Manchmal ist auch von der
(magischen) Arbeit, dem Hexentum oder
dem (alten) Pfad die Rede.
Im Englischen spricht man hingegen
von craft oder witchcraft.

Gebrauchsanweisung für das Buch

Eines gleich vorweg: Wann immer hier die Worte »wir« oder »uns« verwendet werden, ist ausschließlich von den beiden Autorinnen die Rede. Wir meinen damit keineswegs alle oder auch nur eine Mehrzahl aller Hexen, und wenn wir für andere sprechen, machen wir das immer deutlich. Es gibt so viele verschiedene Erscheinungsformen des Hexenkults wie diesen ausübende Menschen, und jeder davon hat ein Recht auf seine eigene Meinung bezüglich dessen, was die Kunst nun wirklich ausmacht. Genau deshalb steht dasselbe Recht ja auch Euch zu, und zwar vom ersten Augenblick an.

Wir wissen nicht, wie es Euch geht, aber wir waren es irgendwann leid, uns bei vielen Büchern erst gähnend durch endlose Seiten trockener Theorie fräsen zu müssen, bevor wir endlich ran durften und die ersten praktischen Übungen drankamen. Deshalb haben wir das bei *Teenwitch - Die wilde Magie der jungen Hexen* geändert. Erstens haben wir die Theorie etwas aufgepeppt, weil unserer Meinung nach gerade wichtige Dinge auch Spaß machen sollten, und zweitens beginnt die Praxis vom ersten Kapitel an.

Vieles, was wir Euch erklären, werdet Ihr sofort ausprobieren können - wenn Ihr das erste Kapitel durchgearbeitet habt, werdet Ihr also bereits eine praktizierende Newbie-Hexe sein. Schneller geht's nicht!

Eins noch: Vielleicht habt Ihr schon den einen oder anderen Zauber ausprobiert und er hat geklappt - oder eben nicht. Wenn ein Zauber mißlingt, kann dies eventuell daran liegen, daß Ihr nur eine Ritualbeschreibung hattet, die Euch alleine aber nichts nutzt; und manchmal wirken Zauber anders als vorgestellt, so daß man um die Ecke denken muß, um ihre Wirkung zu erkennen. Leider »vergessen« viele Autoren immer wieder, das deutlich mitzuteilen. Eine Ritualanleitung kann maximal eine Art Kochrezept sein. Sie sagt Euch, was Ihr für Eure beabsichtigte magische Handlung braucht und was Ihr mit diesen Zutaten tun sollt, aber nicht, wo Ihr die magische Kraft dazu herbekommt. Auch in diesem Buch findet Ihr eine Reihe solcher Kochrezepte, die als »Ritual« gekennzeichnet sind; darüber hinaus werdet Ihr immer wieder über eine Rubrik stolpern, die wir »Magie-Training« genannt haben. Dort findet Ihr eine Auswahl jener Techniken, die von Hexen benutzt werden, um magische Kräfte in sich zu wecken und handhaben zu lernen. Das ist sozusagen der Sprit für Eure Rituale, ohne den ein magischer Zauber ebensowenig läuft wie ein Auto ohne Benzin. Wir halten Euch durchaus für fähig, selbst zu entscheiden, was Ihr Euch zutraut und was nicht und möchten Euch auffordern, da unbedingt Eurem ehrlichen Gefühl für Euch selbst zu folgen. Es nicht möglich, zu sagen, wie lange man mindestens oder höchstens braucht, um eine fähige Hexe zu werden; laßt Euch also immer die Zeit, die Ihr selbst benötigt.

Und werdet am besten aktiv - entwickelt Euren eigenen Zugang zur Magie. Mit eigenen Techniken und Ritualen sowie Eurem eigenen Stil!

Wir verstehen das Wort »Gebrauchsanweisung« nämlich wörtlich: Gebraucht die Anweisung, benutzt sie also für Eure eigenen Zwecke. So wird jeder von Euch etwas anders mit dem Buch umgehen, denn wenn etwas gebraucht wird, dann wird es von jedem Benutzer ein wenig verändert - so wie Schuhe erst nach dem Einlaufen wie angegossen sitzen.

Was kann Teenwitch - und was nicht?

Teenwitch kann Euch die Grundlagen bestimmter Strömungen der modernen Hexenkunst vermitteln und Euch als eine Art praktischer Lehrgang zeigen, wie Ihr Eure eigene Magie entwickeln könnt. Darüber hinaus werden wir Euch Informationen geben, die Euch dabei helfen können, innerhalb der »Szene« schwarze Schafe zu erkennen und Euch vor solchen Typen zu schützen. Was wir Euch nicht abnehmen können ist, den Mut zu haben, diese Informationen auch anzuwenden und Euch dabei nach bestem Wissen und Gewissen auf Euer eigenes Gefühl und Eure Entscheidungsfähigkeit zu verlassen. Auch Hexen-Newbies dürfen tun, was sie für richtig halten, solange sie andere Meinungen respektieren - auch wenn sie jünger als andere sein mögen.

Manchmal ist es schwer, anders als die anderen zu sein oder eine andere Meinung zu haben als Menschen, die für uns wichtig sind - und glaubt nur nicht, das höre von selbst auf, wenn man älter wird. Nein, Leute, es fällt niemandem leicht, mal eben gegen den Strom zu schwimmen und zu tun, was wir ganz ehrlich für das Richtige halten, auch wenn unsere Freunde, Eltern, Lehrer oder Vorgesetzten anderer Meinung sind.

In diesem Sinne wünschen wir uns, daß Ihr vorsichtig und umsichtig mit Euch selbst umgeht, denn Ihr seid tolle Menschen und habt das verdient.

Magische Rituale

... dienen zur Sammlung magischer Kräfte
und deren Konzentration
auf das gewünschte Ziel.
Ihr immer gleicher Grundaufbau hilft,
von Mal zu Mal immer leichteren Zugang
zur eigenen Kraftquelle zu finden.

KAPITEL 1
HEXEN IN DEN MEDIEN

Darstellung von Hexen durch Nichthexen

Im Fernsehen läuft ein Beitrag über moderne Hexen - und nun weiß die gesamte Zuschauerschaft natürlich ganz genau, was das ist, was Hexen so machen und ob sie gut oder schlecht sind. Genau das ist aber der Haken an der Sache mit der Wahrheit: Meist wissen jene Leute, die Filme, Fernsehbeiträge, Songs, Zeitungsberichte oder Artikel über Hexen schreiben, selbst reichlich wenig über uns. Das hat verschiedene Gründe.

Manchmal sind sie gar nicht an der Realität interessiert, sondern finden nur die Idee an sich spannend. Es ist gar nicht ihr Ziel, die Öffentlichkeit darüber aufzuklären, wie das mit den Hexen wirklich ist, sondern sie sind durch unsere Existenz angeregt auf eine exotische und spannende Idee gekommen, die sich gut verkaufen läßt. Das ist völlig in Ordnung, solange die Leser oder Zuschauer genau erkennen können, daß sie es mit einem Fantasy-Film und nicht mit einer Dokumentation zu tun haben. Bei Harry Potter ist das zum Beispiel so, denn jeder, der diese Bücher liest (oder die Filme sieht), weiß sicher, daß es sich dabei nicht um eine Beschreibung der wirklichen Hexenszene handelt - ganz einfach deshalb, weil die Autorin ihre Arbeit klar als erfunden bezeichnet und nirgendwo außerhalb ihrer Romane so tut, als ob es Wirklichkeit wäre.

Leider verfahren nicht alle Erfinder solcher spannenden und erfolgreichen Ideen so verantwortungsbewußt; im Gegenteil geben viele Autoren gerade von sensationslustigen Fernseh- und Zeitungsjournalen gerne absichtlich vor, es handle sich bei ihren Erfindungen um die Realität. Oder sie vermischen Wirklichkeit und Ausgedachtes miteinander, ohne das eine deutlich vom anderen abzugrenzen. Als Ergebnis weiß niemand mehr so richtig, was an der Sache mit den Hexen nun eigentlich dran ist und was nicht.

Schließlich gibt es noch Leute, die uns schlicht und ergreifend viel zu sehr oder gar nicht mögen und deshalb bewußt oder unbewußt, absichtlich oder unabsichtlich Unwahrheiten über uns verbreiten. Es gibt aber durchaus

auch Nicht-Hexen, die ehrlich an unserem Weg interessiert sind und sich in ihren Artikeln oder Dokumentationen ernsthaft bemühen, uns so wahrheitsgetreu darzustellen, wie es ihnen nur möglich ist.

Wir haben dieses Buch geschrieben, um Euch echte Insider-Informationen zukommen zu lassen, damit Ihr eine gute Grundlage habt, auf der Ihr Euch eine eigene Meinung bilden und in Zukunft selbst entscheiden könnt, welchen Aussagen Ihr Glauben schenken wollt und was Ihr für Humbug haltet - und ob Ihr das, was Ihr für glaubwürdig erachtet, auch tatsächlich anwenden wollt oder nicht.

Aber vergeßt eines nicht: Auch wir sind parteiisch. Obwohl wir im Verlauf des ganzen Buchs versuchen, nicht nur unsere eigene Meinung wiederzugeben, sondern Euch auch über Ansichten zu informieren, die von den unseren abweichen, haben auch wir unsere »blinden Flecken«. Teilweise nehmen wir auch schlichtweg für uns das Recht in Anspruch, selbst zu entscheiden, was wir im Rahmen eines solchen Buches für wichtig halten und was nicht - das müssen wir auch, denn sonst wird es zu lang und damit langweilig. Wir versuchen, Euch hier Anregungen dafür zu geben, wie Ihr Euch eine unabhängige, nicht von anderen bestimmte Meinung bilden könnt. Behandelt unser Buch genauso kritisch wie alle anderen Quellen über das Hexentum auch; fühlt ehrlich in Euch hinein und entscheidet, ob, wieviel und was Ihr aus diesem Buch für richtig oder falsch haltet. Hier hat jeder Einzelne das Recht auf seine eigene Meinung. Am besten eignet Ihr Euch zusätzlich zu diesem Buch noch so viel weiteres Wissen über den Hexenkult wie möglich an, denn dann kann Euch so schnell niemand mehr das Blaue vom Himmel erzählen.

teen 16 witch

Erdung

Die Grundlage fast jeder magischen Ausbildung ist die Erdung. Sie soll uns »festen Boden unter den Füßen verschaffen«, also dafür sorgen, daß wir stark und kraftvoll sind, damit uns nichts so leicht umwerfen kann. Außerdem versetzen wir uns dadurch in die Lage, die Welt so sehen und bewältigen zu können, wie sie ist - und das ist die Voraussetzung dafür, daß Magie wirkt. Versuche das mal im Freien - am besten nicht auf Asphalt, sondern auf Gras oder Erdboden; die Technik entwickelt dann eine große Intensität und hinterläßt ein herrlich kraftvolles Gefühl. Es geht natürlich auch in einem Haus, aber da ist die Wirkung nicht ganz so stark.

Stell Dich aufrecht hin. Deine Füße sind etwa hüftbreit voneinander entfernt, die Knie nicht durchgedrückt, Becken und Brustkorb entspannt. Stell Dir vor, am höchsten Punkt Deines Kopfes wäre ein magisches Seil befestigt, das Dich ganz leicht und entspannt nach oben zieht; nur ein paar Millimeter - gerade genug, um Dich locker aufzurichten, ohne daß Du den Bodenkontakt verlierst. Vergiß nicht, hier geht es um Erdung - das mit dem Fliegen kommt später. Nun beginne vorsichtig, etwas tiefer als zuvor zu atmen. Dadurch werden Deine Atemzüge etwas länger und langsamer, aber paß auf, daß Du Dich nicht verkrampfst. Richtig ist, was sich gut anfühlt. Wenn sich Dein Atemrhythmus ein wenig beruhigt und vertieft hat, konzentriere Dich auf Deine Füße. Wie fühlt es sich an, so zu stehen? Nimmst Du das Gewicht wahr, das auf Deinen Fußsohlen lastet? Wippe ein wenig auf Deinen Füßen vor und zurück, bist Du eine deutliche Kontrolle darüber hast und sie gut spüren kannst.

Nun stellst Du Dir vor, daß aus Deinen Fußsohlen Wurzeln wachsen. Ganz oben sind sie sehr dick, wie bei einem alten Baum. Sie dringen langsam immer tiefer nach unten vor, und Du schaust ihnen dabei zu. Sieh dabei zu, wie die Wurzeln zuerst die obere, lockere Erdschicht durchdringen und sich dann wachsend weiter durch Sand, dann Lehm und schließlich kiesige Gesteinsschichten vorarbeiten. Dabei verzweigen sie sich ständig und werden wie die Wurzeln eines Baumes immer dünner und schmaler. Eine Zeitlang bewegen sie sich durch Wasser, und schließlich treffen sie auf große Felsplatten, aber auch das ist kein Problem, weil sie mittlerweile so fein und zart geworden sind, daß sie durch feinste Risse und Fugen im Gestein passen. Schließlich kommen Deine Wurzeln im Kern der Erde an, der aus erdig-feuriger Energie besteht. Schau Dir an, welche Farbe diese Energie für Dich hat - das

Magie Training

kann für jeden Menschen anders sein. Nun stell Dir vor, wie diese erdig-feurige Energie in die feinen Enden Deiner Wurzeln eindringt und langsam durch diese nach oben aufsteigt. Das ist der Trick bei Wurzeln: Gerade, weil sie am unteren Ende am feinsten sind und damit an jedem Faserende nur ganz wenig Kraft aufnehmen können, kannst Du niemals überschwemmt und ohne Kontrolle hinweggerissen werden, denn der Strom verstärkt sich erst dann, wenn die Energie-fäden sich in den dickeren Wurzeln vereinigen, und die sind wiederum stark genug, um damit fertig zu werden. Das ist so eine Art magisches Kontrollventil. Die Energie steigt die Wurzeln entlang bis zu Deinen Fußsohlen hoch und tritt dann in Deinen Körper ein, um sich durch Deine Beine und an der Vorderseite Deiner Wirbelsäule entlang bis zum höchsten Punkt Deines Kopfes vorzuarbeiten, wo sie leicht und mühelos austritt, um als gerader, schöner Strahl in den Himmel über Dir zu schießen. Genieße dieses kraftvolle Gefühl einen Augenblick, und hole dann einen zweiten Strahl hinab, dessen Farbe Du deutlich erkennen kannst. Dieser Strahl kommt genauso schnurstracks aus dem Himmel herab, tritt durch die höchste Stelle an Deinem Kopf in Deinen Körper ein und bewegt sich mühelos an der Rückseite Deiner Wirbelsäule entlang durch Deinen Körper hindurch, bis er an den Füßen in Dein Wurzelsystem eindringt und den Weg bis zum Kern der Erde hinab nimmt.

Lasse die beiden Energieströme einen Augenblick lang durch Dich hindurchlaufen - der eine von unten nach oben und der andere genau umgekehrt. Jetzt bist Du die Vermittlerin oder der Vermittler zwischen Himmel und Erde. Du stellst Deinen Körper als Kanal zur Verfügung, damit sich die zwei Enden des Universums miteinander vereinigen können. So trittst Du bewußt in den ewigen Kreis und das heilige Mysterium der Hexen ein. Wenn Du die Technik beenden willst, läßt Du die Energien einfach nach unten in die Erde fließen und behältst nur für Dich zurück, was Du jetzt gerade benötigst - Du kannst Dich da ganz auf Dein Gefühl verlassen.

Diese Technik steht am Anfang jedes Rituals und Zaubers, den eine Hexe ausführt - und zwar aus Sicherheitsgründen, denn sie ermöglicht uns, nicht »abzuheben«, den Kontakt zur Wirklichkeit niemals zu verlieren und klar und deutlich unterscheiden zu können, was wir uns nur einbilden und wann wir es wirklich mit Magie zu tun haben. Das ist sehr wichtig, denn mit bloßer Einbildung alleine könnt Ihr nichts bewegen. Mit Magie schon, und deshalb muß eine Hexe beides voneinander unterscheiden können.

witch 19 teen

Was ist dran an Buffy, Sabrina & Charmed?

Sehr viel und zugleich sehr wenig. Ich hoffe, Ihr seid nicht enttäuscht, aber nein, wir schnippen nicht mit den Fingern, um Sahnetorten, Pizzas oder schicke Kleider aus dem Nichts entstehen zu lassen, und wir fliegen auch nicht auf Staubsaugern herum. So komisch ist das gar nicht - wir haben ernsthaft gemeinte E-mails erhalten, worin wir gefragt wurden, wie man so etwas bewerkstelligen könnte! Auch das ist ein Ergebnis der unklaren Trennung von Fantasie und Wirklichkeit bei der Darstellung von Hexen in den Medien. Allerdings wirken Hexen auf den Verlauf ihres Lebens und die Ereignisse ihres Alltags durchaus auf magische Art ein, doch geschieht das in eher indirekter Weise. Wenn eine Hexe um alles in der Welt auf Sahnetorten steht, aber gerade pleite ist, wird sie einen Zauber wirken, der ihr eine Einladung zu einem Geburtstagsfest mit Kaffee und Kuchen verschafft. Das ist das Prinzip, aber meistens (allerdings nicht immer!) konzentrieren wir unsere Energie auf Dinge, die für uns größere Bedeutung als ein Stück Sahnetorte haben.

Die meisten Hexen haben auch keine mysteriösen Aufgaben wie zum Beispiel die Dämonenjagd, sondern leben ein eher unauffälliges, stilles Leben und neigen mehr dazu, ihre magischen Möglichkeiten dafür einzusetzen, daß dies so bleibt.

Und wie sehen die Hexen sich?

Ein Punkt fehlt allerdings in vielen Filmen und Fernsehserien über Hexen: Für viele ernsthaft magisch arbeitende Menschen hängt diese Kunst eng mit einer Lebensanschauung, einer Philosophie oder sogar mit einer Religion zusammen. Das macht Magie zu weitaus mehr als einer reinen Zaubertechnik, was jedoch nicht bedeutet, daß die Sache jetzt plötzlich bierernst wird und keinerlei Spaß mehr machen darf. Es gibt eben hinter all der Hexerei noch etwas Weiteres und Größeres, worin diese eingebettet ist. Wenn Ihr Euch für diesen Weg geschaffen fühlt, braucht Ihr ihn nicht einmal verkrampft zu suchen, denn dann wird der Weg Euch finden - und zwar einfach, indem Ihr Eure eigene Form der Magie findet, erarbeitet und dazu steht.

Da jede Hexe schlußendlich ihre eigene Form der Magie finden muß, wenn sie erfolgreich sein will, gibt es so viele verschiedene Selbstbeschreibungen, wie es Hexen gibt. Ein paar davon zitieren wir jetzt einfach mal (siehe Rand)!

»Meine Glaubensvorstellungen gründen sich auf verschiedene Punkte. Zum einen ist da die göttliche Dualität, also Gott und Göttin. Dann glaube

»Ich bin eigentlich überhaupt keine Hexe. Dieser Begriff ist mit so vielen verschiedenen Bedeutungen benutzt worden, daß ich gar nicht sicher sein kann, ob jemand anders dasselbe damit meint wie ich. Deshalb nenne ich mich ,naturreligiöse Priesterin', denn meine Magie besteht darin, Menschen auf dem Weg zu ihrer eigenen inneren Natur zu begleiten. Ich liebe und verehre die Göttin der Natur und ihren geweihtragenden Gefährten, und mit der Spirale des Jahres wachse ich und entwickle mich weiter.«
Vicky - Mutter, Priesterin und Autorin

ich an deren Fähigkeit, sich entsprechend der Bedürfnisse und des Verständnisses jener, die sie anrufen, in unterschiedlichster Form auszudrücken - seien ihre Anhänger nun männlich oder weiblich. Ich erlebe es als Tatsache, daß die Zyklen der Natur auch auf mein eigenes Leben anwendbar sind und glaube an eine allen Wesen innewohnende Fähigkeit, den Willen zu fokussieren, um in der inneren wie auch äußeren Welt Veränderungen herbeizuführen (nennt es zaubern oder beten - das Ergebnis ist dasselbe). Aufgrund dieser Punkte falle ich eindeutig unter die Massendefinition des Wortes ‚Hexe‘, dennoch betrachte ich mich nicht als solche. Meine Glaubensvorstellungen - einschließlich des gelegentlichen ‚Zaubers‘ zur Unterstützung meiner selbst oder meiner Umgebung - sind einfach eine Lebensweise. Ich habe nicht das Bedürfnis, mich in Begriffe einordnen zu lassen oder selbst einzuordnen, die tief verankerte Archetypen darstellen (ob nun zutreffend oder nicht), und die Furcht und Mißverständnisse auslösen. Die Kunst und der Kontakt zu den Göttern sind für uns alle zugänglich, unabhängig davon, ob wir Männer oder Frauen sind.« William - Ehemann und Vater, Labortechniker

»Wenn ich da draußen bin, kann ich spüren, daß die Natur nicht einfach nur ein Ding ist. Sie lebt und ist ein wunderschönes Geschöpf, dem ich mich gerne nahe fühle. Deshalb diene ich ihr, der Göttin.« Marina, Tochter aus Leidenschaft, angehende Reisekauffrau

»Magie ist einfach etwas unheimlich Faszinierendes. Ich finde damit näher zu mir selbst und habe viel Freude am Leben. Die Weltsicht der Hexen ist einfach nicht so düster wie die vieler anderer Menschen gerade heute; hier hat das Leben eine eigene, fröhliche Qualität. Deshalb fühle ich mich im Hexenkult wohl.« Susanne - Verkäuferin

Witzig, nicht? Da ist von ganz anderen Dingen die Rede, als man sie meist im Fernsehen zu sehen bekommt. Das liegt daran, daß man z.B. exotische, okkulte Massakerorgien plastischer auf die Leinwand bringen kann als eine Gruppe von Gleichgesinnten, die mit der Gitarre um ein Lagerfeuer sitzt und singt. Und die stille Zwiesprache mit einem Teichgeist oder einem Salamander gibt leider nicht soviel für eine Serie her wie der action- und flammenreiche Showdown mit den Wächtern der Hölle.

Von der Fiktion zur Realität: gibt es Feen und Geister?

Die meisten Hexen sind durchaus davon überzeugt, daß man sich mit den Repräsentanten der Natur ganz angenehm unterhalten kann. Deshalb werden wir das nächste Kapitel des Magie-Trainings diesem Thema widmen. Eines jedoch gleich vorweg: Versteift Euch jetzt nicht darauf, kleine, süße

»Für mich ist das Wichtigste am Hexenkult die Gemeinschaft, denn die hat für Hexen einen Wert und hohe Bedeutung. Wir feiern gemeinsam unsere Feste und helfen uns durch schöne wie auch harte Zeiten. Dabei spielt natürlich auch die Magie oft eine Rolle, aber eigentlich ist es wichtiger, sich so offen begegnen zu können.«
Markus - Priester und Journalist

Mythos

... ist eine Weltauslegung und Lebensdeutung in erzählerischer Berichtsform, versehen mit Symbolen, Visionen und fabulierenden Darstellungen, die jedoch eine allgemeine Wahrheit enthalten. Im Mythos wird das Handeln und Wirken von Göttern in Anlehnung an menschliche Verhältnisse dargestellt (Götterfamilien, Göttergeschlechter). [...] In der heutigen Forschung wird der Mythos als rituelle Wiederholung eines Urereignisses gedeutet, als erzählerische Aufarbeitung menschlicher Urängste.
www.wissen.de

Sage

(althochdeutsch saga = Gesagtes), kurze Erzählung, die auf volkstümlicher, ursprünglich mündlicher Überlieferung beruht. Sie erhebt Anspruch auf Wahrheitsgehalt, hat aber meist wunderbare, fantastische Ereignisse zum Inhalt. Die Natursagen erklären auf ihre Art seltsame Naturerscheinungen oder -ereignisse. [...] Das Ungeheuer von Loch Ness oder Begegnungen mit Außerirdischen haben ein hohes Potential, in die Sagenwelt einzugehen.
www.wissen.de

Sagen online

http://gutenberg.spiegel.de/sagen/sagen.htm
Da findet Ihr bestimmt die ein oder andere
weise Frau, die ganz in der Nähe lebte.
Gerade in Sagen dreht sich die *Story*
oft um Hexen & Co.

Legende

... nennt man die
Lebens- und Leidensgeschichte
eines Heiligen; mit erbaulicher oder
lehrhafter Absicht.
Im 13. Jahrhundert wurden Legenden
im Geschmack der ritterlichen Gesellschaft
als »höfische Legenden« verfaßt.
www.wissen.de

Püppchen mit Blütenröckchen und durchsichtigen Flügeln auf dem Rücken zu sehen, und auch die Nummer mit dem Bettuch mit Augenlöchern wird so wahrscheinlich nicht laufen. Diese typischen Vorstellungen, die bei den meisten Menschen auftauchen, wenn sie Worte wie »Fee«, »Elfe«, »Geist«, »Zwerg«, »Gespenst« oder auch »Hexe« hören, sind Archetypen - sprich: Ideen, die wir komischerweise alle gemeinsam haben, Männlein wie Weiblein, Junge wie Alte, Reiche wie Arme. Das sagt aber noch lange nichts darüber aus, ob etwas, dem wir den Namen »Zwerg« gegeben haben, deshalb auch genauso aussieht wie dieser Archetyp. Oder glaubt Ihr, daß Euch nach dem Umblättern der letzten Seite dieses Buchs plötzlich Warzen auf der Nase, eine irrwitzig große Unterlippe und ein Buckel wachsen werden?

Wenn hier die Rede von Elfen, Zwergen oder Gnomen ist, dann sprechen wir von Naturkräften, die sich personifiziert haben - das heißt schlicht: So eine Elfe besitzt wahrscheinlich gar keinen für uns erkennbaren Körper, erklärt sich aber freundlicherweise bereit, so zu tun als ob. Deshalb kann eine Elfe für jeden Menschen anders aussehen. Wichtig ist also nicht die Frage, was bei Elfen gerade Mode ist, sondern ob es sie überhaupt gibt. Viele Hexen stehen mit den Wesen der Natur in Verbindung und verwenden Techniken wie die unten stehende, um diesen Kontakt herzustellen.

Am besten prüft Ihr mit Euren eigenen Sinnen, ob Ihr die Idee vom »unsichtbaren Volk« für realistisch haltet oder nicht.

Jetzt kommt der Spruch: »An jedem Mythos ist ein Fünkchen Wahrheit dran«, was wohl bedeutet, daß die Zeit bei allem ihre Finger im Spiel hat. Irgendwann einmal vor langer Zeit fand ein Ereignis statt, dem irgend jemand zugeschaut hat, um es dann brühwarm seinem Kumpel zu erzählen. Und damit die Geschichte nicht so trocken und fad klang, schmückte er sie mit ein paar »Zusatzinformationen« aus und erhöhte auf diese Weise die Spannung. Nun aber nahm sein Kumpel das Gehörte und erzählte es seiner Frau - wobei er vielleicht seinerseits ein paar interessante Details hinzu füg-te. Seine Frau wiederum ging damit zur Nachbarin ... und schon haben wir einen Mythos.

Aus diesem Grund sind uralte Sagen und Legenden unserer Ansicht nach nicht wahrer, aber auch nicht falscher als moderne Darstellungen. In beiden Fällen handelt es sich um Geschichten, die im Falle der Sagen vielleicht einmal der Weitergabe wichtiger Informationen gedient haben mögen, aber seit vielen Jahrhunderten hauptsächlich der Spannung wegen erzählt werden. Und da die modernen Mythen in Büchern, Filmen und Fernsehen oft auch nur das aufnehmen, was in den seit Jahrhunderten überlieferten Geschichten steht, können sie ebenso gut zufälligerweise auf ein Fünkchen Wahrheit stoßen wie die alten Sagen und Legenden. Nur, weil etwas seit langer Zeit

überliefert worden ist, muß es also noch längst nicht wahr sein - und wörtlich solltet Ihr es auf keinen Fall nehmen.

Für viele Hexen ist die Existenz von Feen und unsichtbaren Wesen jedoch eine eigene Wahrheit. Allerdings geben Hexen sich meist mit der Sparversion zufrieden - sie erwarten keine Abenteuerreise ins Feenreich, sondern treten ihren Weg im Geiste an. Die Geistweltenbummler unter den Hexen berichten von unglaublich vielschichtigen Erlebnissen, die sie auf den sogenannten »inneren Ebenen« machen konnten. Sie sagen, daß in der Anderswelt (auch ein Name für das Feenreich) ganz eigene Gesetzmäßigkeiten gelten. Übrigens warnen jene Hexen, die mit der Anderswelt eher nüchternere und weniger disneyhafte Erfahrungen gemacht haben davor, sich dort wie ein Tourist zu benehmen und alles anzufassen oder anzusprechen, was einem über den Weg läuft. Schließlich würde es den meisten von uns auch nicht gefallen, in der eigenen Wohnung von einem wildgewordenen Touristen bis aufs Hemd untersucht zu werden. Doch wenn man ein Anderswelt-Wesen anspricht, ohne dazu aufgefordert worden zu sein, kann das durchaus so empfunden werden. Andere Länder, andere Sitten!

Hexen gehen nicht nur mit Wesen um, die eigentlich unsichtbar sind, sondern nehmen darüber hinaus an, daß auch manche Dinge eine Persönlichkeit haben, denen man es vielleicht auf den ersten Blick nicht ansieht. So mag die lapidare Bemerkung, man habe sich kürzlich mal wieder mit einem Baum unterhalten, eher nach Psychiatrie als nach Spiritualität klingen, doch liegt das oft nur daran, daß wir noch keine »logische« Erklärung erhalten haben, uns also das Verständnis fehlt. Wenn eine Hexe »mit einem Baum spricht«, kann das auch heißen, daß sie schweigend mit dem Rücken an den Stamm gelehnt steht. Erst wenn sie hörbar spricht, löst das bei Nicht-Hexen oft ein Stirnrunzeln aus.

Alte Vettel

mit Hilfsgeist
Hans Burgkmaier, Holzschnitt, 1512

Kontakt mit Naturgeistern aufnehmen

Magie Training

Wenn Du einen Blick ins Feenreich werfen möchtest, solltest Du Dir eine schöne Erle oder einen Weißdornstrauch suchen. Setze Dich darunter und versuche, einen Eindruck vom Baum zu erhalten - so, wie Du ein Gefühl für eine Person entwickelst, wenn Du ihr zum ersten Mal gegenüber stehst. Schließe die Augen, richte Deine Aufmerksamkeit auf den Baum und begrüße ihn mit Deinen Gedanken. Dann lausche in Dich hinein. Es ist gut möglich, daß Du bereits beim ersten Mal Antwort erhältst. Falls es gelingt, hast Du soeben Kontakt mit Deinem ersten Naturwesen aufgenommen: dem Baumgeist. Und falls nicht, dann ist das gar nicht tragisch - vielleicht hast Du auch nur eine andere Antwort erwartet, als der Baum sie Dir gegeben hat. So betrachten viele Hexen auch das Gefühl der Rinde auf der Haut als eine Antwort des Baumes, denn diese Berührung ist eindeutig ein Kontakt. Genaugenommen besteht Deine Aufgabe hier darin, die Sprache des Baumes zu erkennen. Und vergiß dabei bitte nicht: Du kommst zum Baum und bist sein Gast, also solltest Du ebenso höflich sein wie beim Besuch eines anderen Menschen in dessen Wohnung.

Erle wie auch Weißdorn sind nun Wesen, die sehr genau über die Eingänge zur anderen Welt Bescheid wissen. Viele naturreligiöse Traditionen sehen die Erle sogar als Hüterin dieser Schwelle. Du kannst sie nun bitten, Dir zu helfen, die Feenwelt wahrzunehmen. Oder Du betrachtest Deine Umgebung für eine Weile ruhig, aber mit aufmerksamem Blick und versuchst dabei, alles, was Du wahrnimmst, in Dich aufzunehmen. Schließe dann die Augen und bitte den Baum, Dir Deine Umgebung vom Blickwinkel der Feenwelt aus zu zeigen - daß heißt, Dir zu zeigen, wie das entsprechende Stück des Feenreichs aussieht. Versuche dann, in Deinem Inneren mit geschlossenen Augen ein möglichst genaues Bild Deiner Umgebung zu erschaffen und achte darauf, was sich durch die Unterstützung des Baums anders darstellt. Da kann ein Schimmer über allem liegen, den Du vorher nicht wahrgenommen hast, oder es können Wesen auftauchen, die Du mit offenen Augen (noch) nicht zu sehen imstande bist. Vergiß nicht: Deine Sicht ist nicht weniger wert, weil Du sie mit Deinem inneren Auge empfängst. Jeder sieht auf seine Weise.

Wenn Du diese Übung regelmäßig machst, wirst Du die Anwesenheit von Naturgeistern bald spüren können, ohne die Augen schließen zu müssen. Auch ein spontanes Gespräch ist dann möglich. Vergiß aber bitte nicht, Dich nach dem Erlebnis bei Deinem Gegenüber wie auch bei Deinem Führer, dem Baum, zu bedanken. Offensichtlich ist ein respektvoller Umgang miteinander für alle Wesen von Bedeutung. Im Tierreich z.B. wird durch die Einhaltung bestimmter Verhaltensregeln sehr viel weniger Blut vergossen als in der »Menschenwelt«. Dankbarkeit geht weit über Höflichkeit hinaus und ist weitaus mehr als nur ein Akt des Respekts. Wer Dankbarkeit zu empfinden und auszudrücken imstande ist weiß, daß er Teil eines größeren Ganzen ist, in dem er seinen Platz einnimmt, von dem aus er sowohl gibt als auch empfängt. Aus diesem Grund steht Dankbarkeit bei allen schamanistischen Traditionen dieser Welt, von denen wir heute noch wissen, hoch im Kurs.

Magie Training

Ist der Hexenkult eine Sekte?

Bei dem, was man zusammenfassend den Hexenkult nennt, handelt es sich um viele verschiedene Menschen, die alle ihre eigenen Ziele zum Thema Hexen, Magie oder Naturreligion verfolgen. Und dies tun sie auf unterschiedlichste Weise: Manche von ihnen schließen sich zu einer Gruppe (einem »Kreis« oder »Coven«) zusammen, weil sie ähnliche Interessen haben und glauben, einander gut zu ergänzen. Einige gründen sogar Vereine, in denen sich wiederum verschiedenste Persönlichkeiten begegnen. Andere hingegen bleiben für sich alleine; sie treffen sich zwar hin und wieder mit anderen Hexen, gehören aber keiner Gruppe an. Und was vielleicht am wichtigsten ist: Die meisten Hexen haben zu nur recht wenigen anderen Hexen einen direkten Kontakt. Es gibt keine zentrale Organisation, bei der man nachfragen kann, wo denn zum Beispiel am neuen Wohnort Hexen leben oder sich treffen. Deshalb wäre es einfach ungerecht, den Hexenkult als solchen als Sekte zu bezeichnen, denn damit würde man all diese vielen und in ihren Praktiken sehr unterschiedlichen Menschen verurteilen, die auf irgendeine Weise mit Magie, dem Hexenkult oder Naturreligion zu tun haben. Oft ordnet die Presse in einschlägigen Sensationsberichten auch Menschen dem Hexenkult zu, die tatsächlich nicht dazugehören - dies ist zum Beispiel beim Satanismus der Fall.

Wir sehen den Hexenkult als Lebensart, die nur einen der vielen möglichen Wege zur Erfüllung darstellt und sind nicht einmal der Ansicht, daß er sich für alle Menschen eignet. Zudem unterscheiden sich die Lehren der einzelnen Gruppen im Hexenkult oft voneinander - will sagen, daß eher zuviel als zuwenig diskutiert wird! Darüber hinaus sind die einzelnen Gruppen autonom; uns sagt niemand, was wir zu tun haben und wie dies geschehen soll. Manche dieser Hexenkreise haben eine Hierarchie (was alleine noch kein Anzeichen für eine Sekte ist), andere nicht - hier sucht sich jeder aus, was ihm am besten dient. Die meisten Gruppen treffen sich ein bis vier Mal pro Monat, und über das, was die Mitglieder in der Zwischenzeit tun, sind sie niemandem Rechenschaft schuldig. Auch gibt es keine ellenlangen »Hausaufgaben«, welche die ganze Freizeit in Anspruch nehmen. Jeder entscheidet selbst, ob und wieviel Zeit er außerhalb der Treffen dem Hexenkult widmen will.

Zum Thema Missionierung: Die ist im Hexenkult generell unerwünscht! Wir begreifen uns als nur eine von vielen Möglichkeiten, spirituelle Ziele zu erreichen und betrachten nicht nur alle Menschen, sondern überhaupt alles Leben als einander gleichwertig. Jede Art der spirituellen oder esoterischen Praxis kann nur dann etwas bringen, wenn man sich von selbst dafür entscheidet, weil man eben genau das und nichts anderes will und nicht, weil man dazu überredet worden ist.

Zum Thema Feindbilder: Einige Mitglieder des Hexenkults nehmen die historischen Ereignisse der Hexenverfolgung immer noch zum Anlaß, das Feindbild »Christentum« treu und brav zu erhalten. Allerdings befinden sich diese Menschen unter stetem »Beschuß« von Glaubensgenossen, die keinen Sinn darin sehen, auf Menschen zu schimpfen, die mehrere Jahrhunderte später geboren wurden. Davon ganz abgesehen hat es schon immer auch christliche Formen der Hexenkunst gegeben. Der Kontakt mit anders denkenden Menschen aber ist im Hexenkult nicht nur nicht verboten, sondern sogar erwünscht, und jeglicher Eingriff in die privaten sowie familiären Beziehungen der Mitglieder gilt als tabu. Es ist jederzeit völlig problemlos möglich, einen Hexenkreis zu verlassen - tatsächlich haben die meisten Gruppen sogar Regeln, die dafür sorgen sollen, daß so etwas so rasch und konfliktlos wie möglich vonstatten geht. Wir sind der Ansicht, daß Leute, die den Hexenkult verlassen wollen, bei uns offensichtlich nicht das finden, was sie zu ihrem Glück und ihrer Erfüllung brauchen - also hat es nicht nur keinen Sinn, sondern wäre in unseren Auge auch eine Gemeinheit, diese Menschen davon abzuhalten, etwas für sie eher Geeignetes zu finden.

Grundsätzlich also lassen sich die Grundprinzipien des Hexenkults nicht mit der Vorgehensweise von Sekten vereinbaren. Dennoch gibt es einige wenige Gruppierungen in der Hexenszene, die einzelne sektiererische Merkmale aufweisen. Und auch wenn die Zahl dieser Gruppen oder Einzelpersonen im Hexenkult sehr gering ist, solltet Ihr diesem Problem dennoch wachsam sowie kritisch gegenüberstehen. Vorsicht ist vor allem immer dann geboten, wenn Euch jemand als einzige Begründung für eine Handlung die Argumente »Ich bin länger dabei als Du«, »Du kannst mir das jetzt einfach mal glauben« oder »Das ist so Tradition« anführt.

Naturreligiöse Spiritualität geht von dem Gedanken aus, daß alles, was Leben trägt und eine Seele hat, von großem Wert und ebensolcher Heiligkeit ist. Und für uns sind sogar Dinge beseelt, denen sonst kaum eine Religion Seele zugesteht - Steine zum Beispiel. Wir sind von der Einheit der gesamten Schöpfung überzeugt und begreifen den anderen daher als einen Teil des größeren Ichs, das uns alle ausmacht, auch wenn wir uns dessen kaum bewußt sein mögen. Und einem Teil meiner selbst trete ich nun mal nicht in den Allerwertesten, möge der nun weiß, schwarz oder quittegelb sein!

hägs (dt.)

hagazussa

(altnordisch)

tunritha

(altnord.: Zaunreiterin)

wildaz wip

(dt.: das wilde Weib)

zunrite (oberdt.)

hag (engl.)

sorciére (franz.)

erbaria (ital.)

bruja (span.)

xorguina (span.)

witch (engl.)

maga (lat.: Zauberin)

striga (lat.: Eule)

venefica (lat.: Giftmischerin)

malefica (lat.: Schadenszauberin)

larva (lat.: eigentlich: Totengeist)

lamia (lat.: weiblicher Dämon)

masca (lat.: Maske)

indivina (lat.)

hexse (dt. 1293)

hess (dt. 1387)

hezze (dt.)

haghetissen (dt.)

häxen (dt. 15. Jh.)

hächse (dt. 1510)

hazessa (dt.)

holzmuoia (dt.)

wicca (altengl.: die weise Frau)

hekse (ndl.)

walriderske (ndl.: Zaunreiterin)

stregha (ital.)

Kapitel 2
WELCHE ARTEN VON HEXEN GIBT ES?

Das Wort „Hexe" und seine Verwendung

Hexen und Zauberer - Seinen traurigen Höhepunkt hatte der Hexenwahn im 16. und 17. Jahrhundert. Allein zwischen 1590 und 1660 gab es rund 100.000 Verbrennungen. 90 Prozent davon betrafen Frauen. Bei den Verfolgten handelte es sich um Frauen und Männer, die im Bund mit der Natur lebten und genau daraus ihre Kraft und Macht bezogen. [...] Vor Beginn der Neuzeit sorgten die Hexen und Hexenmeister für die Gesundheit und das Wohlergehen der Stämme. [...] Sie waren anerkannte Stammesmitglieder und gehörten zu den höchsten Würdenträgern. [...] Mit Beginn der Christianisierung wendet sich das Blatt. [...] [Die Kirche] begann die Anschauung zu verbreiten, Hexen und Hexer würden im Bund mit dem Teufel stehen. Im Laufe der Jahrzehnte und Jahrhunderte wurde diese Unterstellung Teil der öffentlichen Meinung. [...] Eine Theorie geht davon aus, daß Hildegard von Bingen eine Hexe war, die das Klostergewand benutzte, um der Verfolgung zu entgehen. Es wäre ihr zuzutrauen gewesen, aber Wissenschaftler halten diese These für zu gewagt. [...] Eine herausragende Rolle im 15. Jahrhundert spielte der Hexenmeister Trithemius, der für die Rehabilitierung der Magie als höchste Wissenschaft eintrat. [...] Er tat seine Arbeit mit viel Humor und ein wenig Verschlagenheit. Mit Erfolg: Durch Trithemius wurde die Magie zum ausgehenden Mittelalter wieder hoffähig. [...] Nun, wenn es zu allen Zeiten Hexen und Zauberer gab, dann sind sie wahrscheinlich auch heute noch unter uns. [...] Sie sind mitten unter uns - Menschen mit außergewöhnlichen Fähigkeiten der Heilung und Weissagung.

Beatrice Uhlig (aus dem Artikel »Hexen und Zauberer«)

Klassische Klischees

... gibt es auf beiden Seiten. Menschen, die nichts mit dem Hexenkult zu tun haben, sehen bei der Nennung dieses Wortes meist sofort eine häßliche, verkrümmte Alte mit gebeugtem Rücken und bis zum Knie hängenden Lip-

Hexe

<F. 19; im Märchen> böse gesinnte, meist häßliche alte Zauberin; <im Volksglauben> Frau, die über Zauberkräfte verfügt und mit dem Teufel im Bunde steht; <fig.; umg.; abwertend> böse Frau [ahd. hagzissa, hag(a)zus(a); 1. Teil zu ahd. hag »Zaun« (vgl. ahd. zunrita »Zaunreiterin, Hexe«), 2. Teil zu germ. tusjo; zu idg. dhuos »Dämon«]
Wahrig - Deutsches Wörterbuch

Hexe

Althochdeutsch hagazussa, »Zaunreiterin«; im Volksglauben eine weibliche, meist ungewöhnlich häßliche, selten aber auch verführerisch schöne, mit dem Teufel im Bund stehende Gestalt mit dämonischen Kräften. Die Hexen reiten auf Besen durch die Luft und versammeln sich auf abseits gelegenen Plätzen zum Hexensabbat. Der Veröffentlichung des Hexenhammers folgten jahrhundertelang Hexenprozesse; den Hexenverfolgungen fielen zahllose als Hexen verdächtigte Frauen, Männer und Kinder zum Opfer.
Wissen A - Z

Hexe

Im Mittelalter wie noch lange in der Neuzeit endete die Diffamierung von Frauen als Hexe meist tödlich. Dafür reichte die Unterstellung von geheimen Kräften aus, deren Bestätigung unter Folter leicht zu erpressen war. An der Verfolgung von Hexen bis zum Scheiterhaufen war nicht nur die katholische Inquisition, sondern später auch die protestantische Geistlichkeit beteiligt.
Wissen Schwerpunkt

Haeresis Dea

... ist die Göttin Haeresie.
Sie soll die Frau als Göttin der Ketzerei
und als Verkörperung des Bösen darstellen.
Aber wir erkennen deutlich die dreiköpfige
antike Hexengöttin Hekate.
Anton Eisen, Paderborn, 1544

Hexensabath •

... da geht´s zu: Die linke Hexe hebt eine Schüssel mit Totenkopf und Knochen;
die mittlere reitet auf einer Stange, und die liegende Hexe furzt eine geweihte Kerze aus.
Dazu Zauberbuch, Öllampe und die Katze als Dämonen- und Nachttier.
Hans Baldung Grien, weiß gehöhte Federzeichnung um 1514.

witch teen

Hexenritt

Stich von G. Spangenberg,
Stuttgart, 1878

Hexenbesen

- abnorme Astwucherungen an Bäumen:
nestartig dichte Zweigbüsche mit zahlreichen
kurzen Trieben, die aus einer lokalen,
ungewöhnlich reichen Knospenanhäufung
hervorgehen. Die vor allem an Laubhölzern,
aber auch an Tanne, Fichte und Kiefer
auftretenden Hexenbesen werden durch
Rostpilze oder Schlauchpilze verursacht.
*(Hoppala - da habt Ihr etwas anderes
erwartet, hm?)*

pen wie auch Brüsten vor sich, die auf einen umgedrehten Reisigbesen gestützt mit Hilfe eines zerzausten Raben sehr, sehr böse Dinge tut. Die moderne Variante dieses Bildes besteht in der rassigen Rot- oder Schwarzhaarigen mit den ellenlangen Beinen, die mit einem eng anliegenden, flammend roten Kleid und einer blauschwarzen Großkatze bewaffnet anderen Frauen reihenweise auf magische Art die Männer wegnimmt.

Alle Varianten könnt Ihr getrost in die Biomülltonne werfen. Die Alte aus den Märchen ist keine reale Gestalt, sondern ein Archetypus, also eine uralte, bildliche Vorstellung einer bestimmten Art von Anteilen und Kräften in uns, welche die ganze Menschheit seit vielen Jahrtausenden miteinander teilt. Und die Dame, durch deren Körper gerade die geballte Kraft der Göttin selbst herniederfährt, kann kaum ein junges Mädchen sein, denn es gehört schon eine gestandene Frau mit viel Übung dazu, um das zu bewerkstelligen.

Hexen gibt es in allen Größen und Ausstattungen. Manche sind rank und schlank, aber die Mehrzahl kämpft genauso gegen immer dieselben vier Pfund wie wir anderen auch. Es gibt sehr junge, die gerade angelernt werden, Eltern, die ihre Kinder in einer zauberhaften Welt großzuziehen versuchen, Großeltern, die das, was ihnen beim eigenen Kind nicht gelang, wenigstens beim Enkel richtig hinkriegen wollen, »Unfreiwillige«, die sich selbst gar nicht als Hexen betrachten, sondern erst von anderen als solche erkannt werden und alte, sehr alte Menschen, deren Wissen enorm und deren Kraft von einer anderen Welt ist.

Aber wißt Ihr, was vielleicht der wichtigste Unterschied zwischen den Klischees und echten Hexen ist? Folgender: Eine nicht unerhebliche Anzahl der richtigen Hexen ist männlich. Jawohl, echte, gestandene Männer. Seid uns willkommen, Jungs - es hat ja schließlich lange genug gedauert!

Was unterscheidet Hexen von anderen Esoterikern?

Nun, zum einen der Umstand, daß sie sich nicht gerne »Esoteriker« nennen lassen. Für viele Hexen hat die Esoterik so einen lauwarmen, alltagsflüchtlerischen Klang, und damit hat die Hexenkunst als solche herzlich wenig zu tun. Uns geht es viel mehr darum, ganz konkrete Dinge zu unternehmen, die unser Leben schöner, liebevoller, fröhlicher, herzlicher, aber auch kraft- und damit erfolgreicher gestalten. Unsere Hauptgottheit ist die Erde selbst - jetzt und hier; wen wundert es also, wenn wir mit Jenseitsgedanken wenig am Hut haben? Natürlich gibt es auch im Hexenkult bestimmte Vorstellungen zum Leben nach dem Tode und auch Techniken, die sich auf die Arbeit mit dem feinstofflichen Körper und anderen Dimensionen (wir nennen sie einfach »andere Welten«) richten, aber unser Ziel besteht durchaus nicht darin, unsere Seelen so schnell wie möglich aus dem Körper zu lösen und diese irdische Welt zu überwinden, um in einer anderen, geistigen Form in bessere Welten aufzubrechen. Genau genommen sind wir nicht einmal an der Erleuchtung wirklich interessiert, sondern vielmehr daran, Lösungen für die Probleme und Antworten für jene Fragen zu finden, die uns jetzt fesseln. Zudem suchen viele Menschen in dieser hochtechnisierten Gesellschaft einen Weg zurück zur Natur - und mancher findet den im Hexentum.

Was kann die Hexe, was andere Menschen nicht können?

Eigentlich nichts. Aber das kann sie eben viel besser! Nein, wir wollen Euch hier nicht auf den Arm nehmen, aber die Kräfte, derer sich Hexen bedienen, stehen den meisten Menschen zur Verfügung; wir gehen sogar davon aus, daß jeder von Geburt an damit ausgestattet ist. Leider verkümmern diese Gaben meist im Laufe unserer Kindheit, weil sie in unserer Kultur nicht mehr erkannt und gefördert, sondern eher eingeschränkt werden. Deshalb fangen die meisten Hexen im Erwachsenenalter damit an, sich mühselig wiederzuerarbeiten, was ihnen seit ihrer Kindheit hätte zur Verfügung stehen sollten, stattdessen aber verschüttet worden ist.

Gerade bei der Magie handelt es sich um etwas, das unserer Ansicht nach von jedem Menschen eingesetzt wird; nur sind sich die meisten nicht bewußt, daß sie es tun, und richten diese Kräfte aus Unkenntnis deshalb oft gegen sich selbst, anstatt sich damit zu unterstützen. So sehen sie zum Beispiel vor ihrem inneren Auge immer wieder jene Dinge, vor denen sie sich fürchten (vielleicht eine Prüfung oder ein Vorstellungsgespräch) und steigern sich in die von der Angst erzeugten Bilder hinein. Diese bauen sie immer wieder und wieder in sich auf, nämlich jedes Mal, wenn sie an die gefürchtete Sache denken. So aber funktioniert Magie - indem ich mir mit all meiner emotionalen Kraft immer wieder genau jene Dinge vorstelle und auf diese Weise »lade«, die ich erreichen will. So werden negative Erlebnisse »zementiert« und herbeigeführt, obwohl man das Ganze einfach nur herumdrehen müßte, um einen positiveren Ausgang zu erreichen.

Magie, wie wir Hexen sie definieren, besteht aus verschiedenen Komponenten, von denen einige mittlerweile durch die moderne Wissenschaft bestätigt worden sind. Diese Teile haben heute andere Namen, sie heißen etwa »selbsterfüllende Prophezeiung« oder »formelhaftes Vorsatzdenken«, aber es handelt sich um dieselbe Sache, die seit Jahrtausenden von all jenen angewendet wurde, die sich der Macht der Magie bedienten. Daß diese Teile der magischen Theorie heute als bewiesen gelten, macht sie nicht weniger magisch oder wirkungsvoll.

Linda maestra
von Francisco Goya,
Capricio Nr. 68

Klischees

mögen das eine oder andere Körnchen Wahrheit enthalten, sind aber immer stark vereinfachte und banalisierte Behauptungen, die ihren Wahrheitsanspruch mit der Masse ihrer Anhänger begründen - und mit sonst nichts.

Der größte Unterschied zwischen Hexen und Nichthexen besteht also unserer Ansicht nach lediglich darin, daß die Hexen wissen, daß sie es tun und dementsprechend versuchen, es auf sinnvolle Weise zu tun. Natürlich gibt es noch weitere Unterschiede; so haben die meisten Hexen eine sehr starke Beziehung zur Natur, verfügen über einen philosophischen oder naturreligiösen Hintergrund und setzen sich aktiv mit Fragen der Selbstverantwortung, des Umweltschutzes und des eigenständigen Denkens auseinander - aber man muß keine Hexe sein, um all das zu tun. In einigen Traditionen hat man erst nach einer siebenjährigen Ausbildung Anspruch auf diesen Titel, während sich der klassische Wicca-Coven bereits mit einem Jahr und einem Tag zufrieden gibt. Andere sind der Ansicht, daß man in dem Moment, wo man ernsthaft beschließt, eine Hexe zu sein, auch genau das ist (wenn auch noch unerfahren), denn irgendwo muß man ja anfangen. Wichtig ist nur, daß es nicht beim Anfangen bleibt!

Was macht eine Hexe nun aus?

Es sind nicht die schwarzen, wallenden Klamotten - die meisten uns bekannten Hexen kleiden sich ganz anders, entweder in ihrem eigenen verrückten Stil oder eben »ganz normal«. Es sind auch nicht die Unmengen von Ketten und Talismanen, Pentagrammen oder Edelsteinen, die den Nakken fast zum Boden ziehen. Manche Hexen tragen überhaupt keinen Schmuck oder andere Merkmale, an denen sie als Angehörige des Kults identifiziert werden könnten. Viele tragen ein oder zwei Stücke, oft sogar unter der Kleidung, und das war's. Und auch jemand, der von oben bis unten mit blauen Schlangen oder Monden tätowiert ist, muß nicht zwangsläufig etwas drauf haben. Tatsache ist aber, daß wir Leute kennen, deren Edelsteingebaumel um den Hals eine tragbare Erste-Hilfe-Apotheke darstellt, die sie gekonnt und geübt einzusetzen wissen, wenn es notwendig werden sollte.

Fazit: Wichtig ist nicht das Outfit, sondern wer in den Klamotten drinsteckt!

Hexe
... gesehen auf einem Mittelaltermarkt.

»Protesthexen«

Dann gibt es noch eine Reihe von Leuten, denen eigentlich gar nicht viel am Hexenkult oder an der Naturreligion liegt, sondern die sich dort nur deshalb engagieren, weil es jene Menschen schockiert, denen sie nicht ähneln wollen. Das ist ein bißchen so, wie es früher bei den Punks war - man demonstrierte mit knallbunten, steil aufgestellten Frisuren und entsprechendem Outfit deutlich, was man vom »spießigen Bürgertum« hielt. Auf ähnliche Weise benutzen manche Leute den Hexenkult, um ihre Abwehrhaltung bestimmten Institutionen gegenüber - wie zum Beispiel dem Christentum - oder auch bestimmten Menschen gegenüber zu demonstrieren.

Grundsätzlich unterliegen diese Menschen, gleich welcher Richtung, Philosophie oder Kleiderordnung sie sich auch bedienen, natürlich einer argen Selbsttäuschung. Sie sind von dem, was sie bekämpfen, keineswegs unabhängig - da sie angestrengt versuchen, eine Haltung einzunehmen, die sich in völliger Opposition zur von ihnen verachteten befindet, steht und fällt ihr ganzes Weltbild und ihre ganze Selbstdefinition mit dem Vorhandensein dessen, was sie bekämpfen. Oder, simpler ausgedrückt: Ohne Christentum kein Satanismus, ohne Bürgertum keine Punk-Kultur. Wer sich darüber definiert, das Gegenteil von etwas anderem zu sein, ist nach wie vor von der Existenz dieses anderen abhängig.

Wann immer Ihr auf eine Art »Kampf-Wicca« trefft oder Hexen meint, ihren Glauben ganz gezielt gegen bestimmte Gruppen oder Einzelmenschen verteidigen zu müssen, könntet Ihr über einen Vertreter dieser Art gestolpert sein. Macht Euch nichts draus - viele »Protesthexen« haben nichts desto trotz magisch eine Menge drauf. Lernt von Ihnen, ohne Euch zu Fanatikern machen zu lassen.

Hundertsiebenundzwanzig Traditionen, und Keiner weiss Bescheid

Wenn Ihr Euch mit dem Hexenkult zu beschäftigen beginnt, werdet Ihr sehr bald auf das Wort »Tradition« stoßen. Und Ihr werdet feststellen, daß es davon verflixt viele gibt. Das hat verschiedene Gründe. Zum einen ist in der Naturreligion nun mal nur dann das drin, was auch draufsteht, wenn es sich auf natürliche Gegebenheiten bezieht. Die sind aber von Gegend zu Gegend unterschiedlich. Wenn mein Volk am Ostufer eines Meeres lebt, macht es Sinn, das Element Wasser im Westen anzurufen; aber wenn ich am Südufer eines Riesensees groß geworden bin, liegt mir der Norden für das Wasser unter Umständen mehr. Das ist zwar eine sehr stark vereinfachende Erklärung, aber im Prinzip illustriert sie hervorragend, was wir hier sagen wollen. *Die* Naturreligion gibt es eigentlich gar nicht, sondern viele verschiedene naturreligiöse Modelle, die von einer Unzahl vorchristlicher Stammesvölker überall auf diesem Planeten entwickelt und durch einige moderne Bewegungen aufgegriffen worden sind. Und sie haben alle Recht.

Darüber hinaus aber gab es im letzten Jahrhundert ein paar Menschen, die den Hexenkult in hohem Maße geformt und geprägt haben. Diesen Leuten verdanken wir es auch, daß die ganze Sache überhaupt bekannt geworden ist, und wir zählen natürlich vor allem Gerald Gardner, Alex Sanders, aber auch Janet und Stewart Farrar, die große alte Dame Doreen Valiente,

Pentagramm
... in Form eines unendlichen Bandes ohne Anfang und Ende. Steinplatte in der Ummantelung eines Taufbeckens, 10./11.Jhd., Split.

Babywiege
... mit einem Fünfstern
an der Innenseite des Kopfteils.
Zirbel und Nußbaum, 1579.

Scott Cunningham und Starhawk dazu. Diese und weitere Menschen haben alle ihre eigenen Entwürfe einer lebbaren naturreligiösen Praxis vorgestellt und damit verschiedene Zweige dieses wunderschönen Baums geschaffen.

Nun hat sich aber auch in manchen Familien noch ein Überrest (oder auch mehr) naturreligiöser Überlieferungen erhalten, und diese Familien haben ihre eigene magische Tradition, die vieles der anderen beinhaltet, manches nicht und auch manches, das nur ihnen zu eigen ist. Tja, und dann gibt es noch die vielen »Freifliegenden« - einzelne Hexen, die sich nirgends so recht wohlfühlen und ihr eigenes Süppchen kochen, das unter Umständen (sprich: wenn die Hexe wirklich etwas drauf hat) ebenfalls ganz köstlich schmecken kann. Dabei handelt es sich oft um Leute, die keinerlei Kompromisse einzugehen bereit sind, weil es ihnen sehr, sehr wichtig ist, eine Spiritualität zu leben, die hundertprozentig zu ihnen paßt. Da sie aber wissen, daß sich jeder Mensch vom anderen wesentlich unterscheidet, ist ihnen klar, daß dies nur ein System sein kann, das einzig für sie geschaffen wurde.

Schlußendlich wird das Wort »Tradition« aber von vielen Hexen gar nicht in einem zeitlichen Zusammenhang benutzt und soll keineswegs auf eine lange Überlieferung hindeuten, sondern ist nur eine praktischere, weil kürzere Variante der Aussage »all das Zeug, das wir zusammengestellt und ausprobiert haben und jetzt regelmäßig verwenden, weil es funktioniert«.

Wir haben triftigen Grund zu der Annahme, daß es die seit dreitausend ... na, Ihr wißt schon wie vielen Jahren von einer Generation zur nächsten überlieferten Traditionen tatsächlich gibt und daß sie hier und heute von sehr, sehr wenigen Menschen weitergegeben werden, die dies aber meist ohne großes Aufhebens und auch ohne mit ihren Titeln oder dem Alter ihrer Überlieferungen zu prahlen tun. Es gibt sie wirklich, die geheimen Eingeweihten, und sie haben oft verdammt viel drauf. Bevor Ihr Euch nun aber ein paar Wanderschuhe kauft und in die Berge aufmacht, solltet Ihr wissen, daß es nicht notwendig ist, einen solchen Lehrmeister zu finden, um eine gute und fähige Hexe zu werden. Schlußendlich gilt nämlich immer noch der alte Satz: »Wer sehen will, der öffne seine Augen und sehe.« Das bedeutet nichts anderes, als daß die grundlegenden Gesetze des Universums für alle sichtbar und zu finden sind, wenn man sich nur ein wenig Mühe macht und sucht. Auch Newton brauchte niemand, der ihm vom Gravitationsgesetz erzählte - er kam von ganz alleine drauf. Und dazu brauchte er kein Wochenendseminar, das ihn seinen halben Monatslohn kostete, sondern - so es die Legende will - nur einen Apfel und die daraus resultierende Beule am Kopf. Und seinen hellwachen Verstand!

Fazit: Ganz egal, wie auch immer sich Euch ein naturreligiöser Mensch vorstellt - am besten seid Ihr höflich zu ihm und hört ihm eine Weile zu.

Nach einiger Zeit werdet Ihr wissen, ob ihm das ach so hohe Alter seiner Überlieferung wichtiger ist als die Frage, wie man sein Leben halbwegs anständig hinkriegt. Und Ihr werdet es im Bauch spüren, ob man Euch auf den Arm nimmt oder ob da eine wirkliche Persönlichkeit sitzt, mit der Ihr gerne mehr zu tun hättet. Aber laßt Euch für Eure Beurteilung Zeit und schaltet Eure Kritikfähigkeit auch danach nicht einfach aus. Ein Mensch, der sich seiner selbst sicher ist, wird keine Probleme damit haben, von Euch hinterfragt zu werden, sondern sich im Gegenteil darüber freuen, daß Ihr nach wie vor Euren eigenen Kopf gebraucht.

Hexen im Wandel der Zeiten

Früher hat man von Hexen so gut wie gar nichts gehalten.

So verwundert es nicht, daß man im Mittelalter wieder auf das Wort »Hexe« zurückkam, als es darum ging, eine griffige Bezeichnung für von Staat, Kirche und oft auch der Nachbarschaft ungeliebte Menschen zu finden. Unserer Ansicht nach hatten 95 Prozent der während der Hexenverfolgung auf fürchterliche Weise ermordeten Menschen keine Ahnung von irgendeiner Form der Zauberei und waren auch nicht mit dem Satan verbündet. Zur Verhaftung genügte die unbewiesene Anzeige eines Nachbarn, und zur Verurteilung das unter schwerster Folter erpreßte Geständnis. Oft verzichtete man sogar auf dieses und führte nach der Folter einfach die Hexenprobe aus: Die vermeintliche Hexe wurde ins Wasser geworfen, und das Gericht verfolgte den Vorgang interessiert. Konnte sie sich über Wasser halten, galt ihre Schuld als bewiesen, und sie wurde verbrannt. Ging sie aber unter, war sie zwar ersoffen, aber bewiesenermaßen unschuldig. Einer rigiden Sexualmoral gepaart mit einem unglaublichen Schuld-und-Sühne-Komplex dieser Zeit fielen folgerichtig vor allem Frauen zum Opfer. Übrigens fiel der Grundbesitz einer als Hexe verurteilten und verbrannten Person in den meisten Fällen nicht an deren Erben, sondern an die Kirche. Die Heilige Inqisition jedoch, also jene Institution, die als spezielles Hexen- und Ketzergericht diente, war eine Unterabteilung genau jener Kirche. Wie viele der Opfer tatsächlich jemals in ihrem Leben Verbindung zur Naturreligion oder zum Satanismus gehabt hatten, sei dahingestellt - Tatsache ist allerdings, daß es sich bei einer großen Zahl um Hebammen handelte, die in Wahrheit dafür gerichtet wurden, daß sie das arme Volk mit billigen, weil natürlichen Mitteln im Notfall auch umsonst behandelten. Das behagte aber der erst seit kurzem existierenden studierten Ärzteschaft überhaupt nicht, die auf diese Weise effektiv für die Ausrottung eines ganzen Berufsstands samt seines Wissens sorgte. Es wurden zwar auch später wieder Hebammen ausgebildet, doch erreichte man nie wieder jenen Wissenstand, den die »alte Garde« in Bezug auf mitteleuro-

Hexenverbrennung
Stich von G. Franz, Stuttgart, 1878.

Witch 37 teen

Waldhexe
... Sinnbild weiblichen Wissens,
kundig des Handwerks, der Kräuter
und der Gestirne.
Stich von H.v.Weiditz, 16.Jhd.

kräuterkundige Heilerin

Die Hebamme
... betreut die gebärende Frau (links),
pflegt das Neugeborene (vorne)
und feiert die Geburt (rechts).
aus: Jakob Rueff,
Das Hebammenbuch
(De Conceptu), Frankfurt, 1580.

& Hebamme

Teen 38 witch

Teufelsweib

Wasserprobe
Titelkupfer,
aus Herrmann Neuwalt: Von Erfassung,
Prob und Erkenntnis der Zaubereien,
Helmstadt, 1584.

Verkörperung
des

Ein Opfer
des Irrwahns
Gemälde von Franz Reiff
(um 1800)

Bösen

Diana/Hekate

... die Göttin der Nacht, des Totenreichs
und des Schicksals sowie Mondgöttin
und Schutzherrin der Hexen.
Ihr Vielköpfigkeit erinnert an
hinduistische Göttergestalten.

päische Heilpflanzen und deren Wirkungsweise gehabt hatte. Nach Ende der
Inquisition durften Hebammen nur deshalb wieder ohne »ärztliche Aufsicht«
arbeiten, weil sie von nun an unter der Kontrolle eben dieser Ärzteschaft ausgebildet wurden.

Wenn sich Menschen heute als Hexen bezeichnen, dann spielen sie damit auf jene an, die sich nicht der Mehrheit beugten, die das eigenständige
Denken im Sinne der Gemeinschaft und die Güte des Herzens niemals auf-
zugeben, sondern eher zu sterben bereit waren. Menschen, die lieber den Tod
riskierten, als auf Teufel komm raus so wie alle anderen zu sein. Menschen,
die nur sich selbst treu sein und niemand anderem Schaden zufügen wollten.

Männer verboten

Innerhalb des Hexenkults gibt es eine besondere Richtung, die sich selbst
gerne als »dianisch« bezeichnet (nach der griechischen Göttin Diana, der
jungfräulichen Jägerin). Dianische Coven (so nennt man Hexenkreise) unterscheiden sich von den meisten anderen in einem wesentlichen Punkt: Sie
bestehen ausschließlich aus Frauen, und das nicht etwa zufällig, sondern
weil sie es so wollen. Nicht jeder reine Frauenkreis ist dianisch; viele von
ihnen würden zwar Männer aufnehmen, haben aber schlichtweg keine kennengelernt, die sich dafür interessieren. Bei einem dianischen Kreis steht das
jedoch nicht zur Debatte; Frauen, die dort arbeiten, wollen ausdrücklich unter sich bleiben.

Die Meinungen über diese Kreise gehen auseinander. Auch sie sind ein
Ergebnis der Frauenbewegung und als solches von großer gesellschaftlicher
Bedeutung; dennoch basiert die Hexenreligion auf dem gleichberechtigten
Miteinander von weiblichem und männlichem Prinzip. Dianische Kreise haben jedoch keinen Hohepriester und wenden sich auch eher selten an den
Gott, während die Göttin im alleinigen Mittelpunkt ihrer Aktivitäten steht.
Man könnte hier durchaus ein Ungleichgewicht sehen, das allerdings lang-
sam Ausgleich findet, weil sich in den letzten Jahren hin und wieder auch
reine Männerkreise gebildet haben - im größeren Ganzen bleibt die Balance
also gewahrt. Auch in druidischen und schamanistischen Gruppen überwiegt
das männliche Element heutzutage hin und wieder, was wir durchaus als
Fortschritt betrachten.

Warum aber schließen Menschen in dianischen und ähnlichen Coven
das andere Geschlecht aus? Viele der Frauen in dianischen Kreisen sind vor
ihrem Eintritt in die Frauenbewegung sehr von Männern verletzt worden
und haben keinerlei Interesse mehr daran, diesem Teil der Menschheit in
auch nur geringster Weise Toleranz oder gar Verständnis entgegenzubrin-

teen 40 witch

gen. Bei manchen heilen die Wunden wieder, andere verlassen diese Position für den Rest ihres Lebens nicht mehr. Wie auch immer - unserer Ansicht nach hat niemand, der nicht das Leben solcher Frauen gelebt hat, ein Recht, ihre Handlungsweise zu beurteilen oder ihr gar zu sagen, was gut oder schlecht für sie ist. Niemand wird gezwungen, sich einem dianischen Kreis anzuschließen - wenn Ihr diese Denk- und Lebensweise nicht teilen möchtet, laßt es eben einfach.

www.nur-Frauen.de?

Ihr werdet festgestellt haben, daß wir bisher nur von Hexen, aber nie von Hexern sprachen. Warum? Weil der Begriff des »Hexers« selbst in unseren Kreisen immer noch gerne mit dem bösen Satanisten verbunden wird, der in einer dunklen Nacht auf dem Friedhof Kröten tötet. Auch bestand der Hexenkult lange Zeit überwiegend aus Frauen. Zumindest das hat sich in den letzten Jahren der Göttin und ihrem Gefährten sei Dank wesentlich verändert, aber das Übergewicht dürften immer noch weibliche Mitglieder haben.

Die meisten Männer, die dem Hexenkult angehören, fühlen sich mit der Bezeichnung »Hexer« nicht sehr wohl und möchten sie deshalb nicht auf sich angewendet sehen. Deshalb sind sie dazu übergegangen, sich ebenfalls Hexen zu nennen. So ist das Wort »Hexe« in unseren Kreisen mittlerweile zu einem neutralen Begriff geworden, der schon lange nichts mehr über das Geschlecht der so bezeichneten Person aussagt. Wir finden das sehr schön - und es stellt keineswegs eine weibische Unterordnung oder gar eine sexuelle Diskriminierung durch weibliche Hexen dar. Es ist vielmehr ein wunderschönes Anzeichen dafür, daß sich zumindest bei uns im Hexenkult wirklich langsam etwas an der ungleichen Behandlung von Männern und Frauen ändert - vor allem gerade deswegen, weil sich die Männer selbst für diese Variante entschieden haben. Für viele Männer, die sich mit dem Hexenkult auseinandersetzen, ist Gleichberechtigung eben eine innere Selbstverständlichkeit, über die nicht mehr diskutiert werden muß.

Jetzt haben wir Hexen das Problem, einerseits in einer Religion zu leben, die keine Unterschiede im Wert von Männern und Frauen macht, aber andererseits in einer Gesellschaft aufgewachsen zu sein, die das sehr wohl tut. Vielen von uns sind die alten und unserer Ansicht nach übrigens ebenso frauen- wie auch männerfeindlichen (!) Rollenbilder zwar ebenfalls seit frühester Kindheit anerzogen worden, doch bietet uns die Naturreligion einen Raum zur Erprobung neuer Lebensweisen, der diesbezüglich viel freier und toleranter ist, als es unsere übrige gesellschaftliche Umgebung oft sein kann. Tja, und die Männerbefreiung ist für uns ein ebenso wichtiges Thema wie jene der Frauen, denn viele von uns finden, daß nicht nur Männer uns, sondern auch wir Frauen die Männer seit langer, langer Zeit ziemlich mies be-

Diana von Ephesos

... die römische Jagdgöttin zeigt sehr deutlich die all-nährenden und lebensspendenden Aspekte der „Großen Mutter". Alabasterstatue, 2.Jhd.v.Chr.

handelt haben. Auch das muß jetzt endlich mal aufhören. Allerdings ist uns durchaus klar, daß dies nicht von heute auf morgen geschehen kann, weil dafür viele als selbstverständlich geltende und tief eingetretene Gedankenpfade verändert werden müssen.

Nach wie vor haben wir es aber im Hexenkult mit einem Frauenüberhang zu tun, und da stellt sich doch die interessante Frage, warum das so ist. Wir haben beobachtet, daß sich viele am Zaubern und auch an den geheimen Gesetzen unserer Welt interessierte Männer eher der Zeremonialmagie zuwenden und sich lieber als Magier sehen, als sich mit den als »romantisch-gefühlvoll« verschrienen Hexen zu identifizieren. Tatsächlich aber gibt es eine weibliche und eine männliche Seite des Hexenkults, und jede hat ihre eigenen Mythen, Rituale und auch ihre eigene Kraft. So haben Männerriten eine ganz andere Ausstrahlung als jene, die ausschließlich Frauen vorbehalten sind. Da der Kult in den letzten Jahrzehnten jedoch weitgehend von Frauen bestritten und geprägt wurde, entstand der Eindruck, die ganze Religion sei eine eher weibliche Angelegenheit. Wo immer jedoch heute mindestens zwei Männer in einem Hexencoven aufeinandertreffen, ändert sich das ganz schnell.

Woran erkenne ich eine Hexe, die wirklich was drauf hat?

Diese Frage ist nur dann einfach, wenn Ihr Euer Urteil nicht als allgemeingültig betrachtet, sondern nur auf Euch selbst bezieht. Will sagen: So lange es darum geht, von wem Ihr lernen, mit wem Ihr ein Ritual ausführen oder von wem Ihr Euch leiten lassen wollt, habt Ihr nicht nur die verflixte Pflicht, Euch um Eurer eigenen seelischen wie körperlichen Gesundheit willen ein Urteil über die daran beteiligten Personen zu bilden, sondern Ihr dürft und sollt auch jederzeit die Zusammenarbeit mit Menschen ablehnen, die Euch nicht als seriös, erfahren oder charakterlich genügend entwickelt erscheinen - oder die Euch einfach nicht sympathisch sind.

Ihr solltet allerdings damit vorsichtig sein, Euer Beurteilungssystem zum Maßstab für alle Hexen und Heiden dieser Welt zu machen. Was für Euch gerade absolut unbrauchbar ist, kann einem anderen echte Heilung bringen. Und manchmal lehnen wir Dinge einfach deshalb vehement ab, weil wir noch nicht weit genug sind, um sie wirklich verstehen und schätzen zu können. Das bedeutet nicht, daß Euer Urteil schlecht oder unzuverlässig wäre, sondern hängt einfach damit zusammen, daß die Menschen so grundverschieden voneinander sind. Und auch damit, daß es selbst unter Hexen unendlich viele Ansichten darüber gibt, was der Hexenkult eigentlich ist.

KAPITEL 3
VORAUSSETZUNGEN FÜR EINE NEWBIE-HEXE

Kann ein Christ eine Hexe sein?

Es gibt seit vielen Jahrhunderten christliche Ordensgemeinschaften, die sich mit Magie beschäftigen, und auch die christliche Volksüberlieferung ist voll von Zaubersprüchen und kleinen magischen Ritualen. Die Hexenwelle, deren Riten sich meist an Naturgottheiten wenden, ist in der heutigen Form eine relativ neue Geschichte, weshalb wir es für wahrscheinlich halten, daß es sich hier in Mitteleuropa spätestens seit dem Mittelalter bei der überwiegenden Mehrzahl aller Hexen um Christen gehandelt haben dürfte - alleine schon deshalb, weil die wenigen verbliebenen Anhänger vorchristlicher Religionen sich nicht Hexen nannten. Als magische Technik ist die Hexenkunst nicht von einer bestimmten Religion abhängig. Doch auch als spiritueller Lebensweg ist es unserer Ansicht nach durchaus möglich, die Grundgedanken der Hexenkunst in viele Religionen zu übersetzen - so auch in die christliche. Allerdings verändert sich dieses Christentum dann ein wenig und wird von so manchem »Hardliner« vielleicht nicht mehr als solches akzeptiert. So glauben zum Beispiel alle mir bekannten christlichen Hexen an die Reinkarnation, was die Amtskirchen gar nicht gerne sehen. Christliche und naturreligiösen Hexen wenden also oft dieselben Techniken an, verfügen aber über unterschiedliche religiöse Weltanschauungen.

Allerdings wird das nicht überall so gesehen. Viele Hexen sind der Meinung, daß ein Christ niemals zu ihnen gehören kann, weil sie dies von einem Austritt aus der christlichen Kirche und der Annahme der Naturreligion abhängig machen. Andere sehen das nicht so eng und heißen auch Christen oder Angehörige anderer Religionen gerne in ihrer Mitte willkommen, ohne von diesen Menschen einen Religionswechsel zu verlangen. Dann wiederum gibt es Christen, die Hexen welcher Art auch immer noch heute als sündhaft bzw. dem Bösen verfallen betrachten. Für diese Menschen ist das, was wir tun, teuflischer Natur - und meist fallen die Gespräche mit ihnen entsprechend anstrengend aus. Vergeßt nicht: Für viele »klassische« Christen sind Dinge wie Magie, Esoterik, Tarot und so weiter Teufelswerk. Während unserer

Keltenkreuz
und
Keltenschwert

witch 43 teen

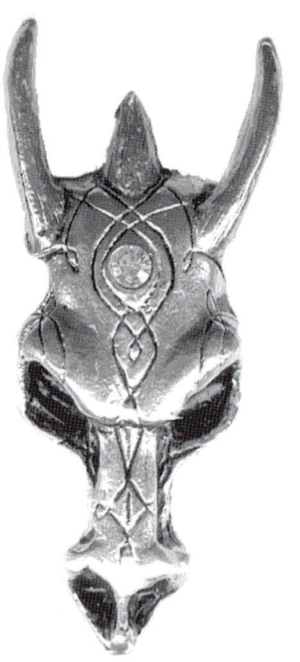

Schulzeit waren kleine Comic-Heftchen im Umlauf, in welchen gezeigt wurde, wie Jugendliche, die sich für Astrologie interessierten, in die Hölle kamen. Das beweist nichts, sondern zeigt nur, daß es Menschen gibt, die vor magischen Dingen durchaus Angst oder eine heftige Abneigung haben und ihnen deshalb ausweichen. Das ist ihr gutes Recht, und wir finden, man sollte diesen Menschen dann auch nichts aufzwingen.

Darüber hinaus sind viele Christen, die selbst nichts mit dem Hexenkult zu tun haben, diesem gegenüber dennoch neutral bis sogar positiv eingestellt. Auch, wenn uns deren Glaubensgenossen in regelmäßigen Abständen zu »retten« versuchen (und dabei ganz schön unverschämt werden können), halten wir es deshalb für unfair, in Internetforen oder anderen Orts die Christen zu verspotten. Damit sind wir um keinen Deut besser als jene Christen, nach deren Ansicht die Hexen alle verbrannt werden sollten. So menschlich derartige Reaktionen auch sein mögen, sind sie doch immer ein Ausdruck von Doppelmoral - also versucht bitte, nicht mit zweierlei Maß zu messen.

Kann ein Christ eine Hexe werden?

Von unserem Standpunkt aus gesehen ja. Von dem mancher Christen aus nicht, weil ein Mensch nach deren Ansicht sein Christsein und damit seine Seele oder mindestens sein Ticket zum Paradies verliert, wenn er sich mit etwas so »Teuflischem« wie dem Hexenkult beschäftigt. Für viele von uns jedoch kann ein Christ sogar Hexe werden und dabei Christ bleiben.

Falls Ihr jedoch aus dem Christentum kommt, müßt Ihr Euch vor einer intensiveren Beschäftigung mit dem Hexenkult ein paar Fragen stellen und versuchen, dazu eine klare, innere Stellung zu beziehen. Zum einen wäre es wichtig, Euch zu überlegen, wie Ihr zum Sündenbegriff des Christentums steht, denn für viele Christen wird Euer eventueller Eintritt in den Hexenkult eine Sünde darstellen, die das Fegefeuer nach sich zieht. Andere wiederum sind der Ansicht, daß es dem christlichen Gott darum geht, wie aufrecht und ehrlich bemüht jemand sein Leben lebt und nicht, unter welchem Namen man ihn ruft. Ihr solltet Euch verschiedene Standpunkte anschauen und Euren eigenen entwickeln, denn sonst müßt Ihr damit rechnen, lange Zeit nach Eurem Eintritt in den Hexenkult noch Angst vor der Hölle zu haben, weil Ihr nicht sicher seid, ob Ihr das Richtige getan habt. Redet über solche Gedanken sowohl mit Hexen als auch mit Christen, denn das gehört dazu, um herauszufinden, wo Ihr wirklich hingehört.

Einige Christen werden Euch also als sündige Teufelsanhänger betrachten, weil ihr dem Hexenkult angehört - nicht etwa, weil sie den Unterschied nicht erkennen könnten, sondern weil sie einer alten christlichen Überzeu-

Abrahamsreligionen

... so bezeichnet man Judentum, Christentum und Islam, da alle drei derselben Wurzel entsprungen sind.

Teen ff witch

gung folgen, die lange Zeit davon ausging, daß es sich beim Christentum um die einzige Religion auf der Welt handelt, die wirklich zur Erlösung führt und die Anhänger aller anderen Religionen in die Hölle kommen werden (zumindest dann, wenn sie zu Lebzeiten die Wahl zwischen ihrer Religion und dem Christentum hatten). Mittlerweile hat sogar der Papst diese Sichtweise relativiert, wenn auch nicht ganz aufgegeben. Es ist aber für Euch wichtig zu wissen, ob Ihr an diese Dinge glaubt, bevor Ihr Mitglieder des Hexenkults werdet, denn sonst werdet Ihr bei uns vielleicht nur unglücklich und hin- und hergerissen sein. Unsere Göttin aber sagt: »Alle Akte der Liebe und Freude sind meine Rituale.« Unglück fordert sie nicht.

Gott, Göttin oder Götter?

Auch wenn man es Buffy, Sabrina und den Charmed-Schwestern nicht anmerkt - für die meisten Hexen hat das Ganze irgendwie mit Religion zu tun. Wir rufen das Göttliche in unseren Ritualen zu uns, beten es an und bitten es in unseren Zaubern um Dinge, die wir uns wünschen. Viele rein an praktischer Magie interessierte Hexen kommen da ganz ohne einen Gottesbegriff aus, indem sie einfach von der »Kraft« oder »Energie« sprechen und das Ganze darüber hinaus auf sich beruhen lassen. Die Mehrzahl jedoch sieht sich als mit dem Göttlichen in Kontakt stehend.

Was die Wahl der Gottheit oder Gottheiten angeht, an die Ihr Euch richten könnt, stehen verschiedene Modelle zur Verfügung. So gibt es die bereits erwähnten Richtungen der Naturreligion, die sich ganz speziell nicht auf eine der drei Abrahamsreligionen oder den Buddhismus beziehen; dabei kann es sich um vorchristliche Kulturen wie jene der Kelten oder Germanen oder auch um heute noch lebendige Traditionen aus zum Beispiel Afrika oder Amerika (Indianer) handeln. Auch der nordamerikanische Schamanismus, der sich hier in Mitteleuropa zunehmenden Interesses erfreut, ist unter diesem Punkt zu nennen.

In all diesen Fällen ist die Frage nach den Göttern rasch beantwortet: Man richtet sich an jene, die zum Götterhimmel (Pantheon) jener Religion gehören, die man gewählt hat. Allerdings gibt es nur recht wenige Gruppen, die sich ausschließlich mit der Naturreligion eines bestimmten Volkes beschäftigen, und manche Hexen fühlen sich in diesem Modell auch einfach nicht zu Hause. Da wir im Gegensatz zu manch anderem spirituellen Weg nicht vor unseren Göttern im Staub kriechen müssen, um sie milde zu stimmen, kann es auch sinnvoll sein, sich nach einem »Probegespräch« vielleicht doch nach einer anderen Lösung umzusehen. Auch ältere Menschen oder Hexen, die seit vielen Jahren zu Besen unterwegs sind, wechseln hin und wieder ihr Pantheon. Schließlich entwickeln wir uns ebenso weiter wie auch die Götter selbst.

Wicca

... ist ein naturreligiöser Kult, der in den späten vierziger Jahren des zwanzigsten Jahrhunderts von dem Engländer Gerald B. Gardner der Öffentlichkeit vorgestellt wurde. Angeblich war Gardner selbst zuvor von einem geheimen Coven eingeweiht worden - zumindest gründet sich darauf sein Anspruch auf Wicca als einer weit in die Vergangenheit zurückreichenden Tradition. Heute ist die Richtigkeit dieses Anspruchs nicht mehr nachweisbar, aber Wicca ist dennoch zu einer der wesentlichsten Grundlagen der modernen naturreligiösen Praxis des Westens geworden.

Aura

... bedeutet »Hauch« und wurde ursprünglich verwendet, um eine feinstofflich wirkende Kraft zu benennen. Heute versteht man darunter eine meist unsichtbare Ausstrahlung, die von belebten wie auch unbelebten Dingen ausgehen soll. Das Erscheinungsbild der Aura soll sich je nach Zustand des jeweiligen Aurabesitzers deutlich verändern und deshalb Aufschluß über dessen Befinden geben.

Mondsichel

... als Schutzamulett einer weisen Frau.
Grabrelief aus Palmyra, um 225.

Innerhalb des Hexenkults dürfte Wicca die am weitesten verbreitete Bewegung sein, und hier ist sozusagen alles erlaubt. Wicca betont wie kaum eine andere Tradition den Ansatz, daß »alle Göttinnen eine Göttin sind und alle Götter ein Gott«. Man geht hier davon aus, daß all die verschiedenen Gottheiten der Welt nur unterschiedliche Gesichter ein und derselben Ursprungsgottheit sind, die sich eben zu unterschiedlichen Zeiten und vor unterschiedlichen Menschen auf verschiedene Weise offenbart - sprich: gezeigt - hat. Deshalb haben Wiccas kein Problem damit, in einem einzigen Ritual fünf verschiedene Göttinnen und Götter aus ebenso vielen unterschiedlichen Religionen anzurufen. Und es scheint gut zu klappen - wie man am Erfolg der Bewegung sehen kann.

Viele Hexen entscheiden sich auch für die »Urversion« und sparen sich als Schlußfolgerung des Wicca-Ansatzes die ganzen Götternamen; sie wenden sich gleich an die Große Göttin und nehmen teilweise noch deren Göttlichen Gefährten (auch bekannt als Gehörnter Gott) mit hinzu. Bei Männerkreisen ist es oft umgekehrt.

Magische Talente

Wir hören oft die Frage, ob man magische Fähigkeiten haben muß, um eine Hexe sein zu können. Ja, muß man, aber das ergibt sich von selbst: Magie ist eine der Grundeigenschaften dieses Universums, sie durchströmt alles und ist in allem enthalten. Also auch in uns Menschen. Bei einer magischen Ausbildung geht es nur noch darum, festzustellen, auf welche Weise sich diese Kraft bei jedem Mensch speziell ausdrückt und sie dann zu fördern.

Wir unterscheiden drei Formen magischer Fähigkeiten. Da sind zunächst einmal jene, die in vielen Familien offensichtlich weitervererbt werden, auch wenn die Familie sich nicht besonders um die Förderung dieser Gaben kümmert oder sie sogar ablehnt. Hier handelt es sich oft um die Fähigkeit, die Zukunft vorauszusehen oder durch Handauflegen Heilung oder Linderung bringen zu können.

In die zweite Gruppe fallen Fähigkeiten, die jeder Mensch zunächst einmal hat. Das sind ganz schön viele! Von Natur aus kann jeder Mensch die Stimmungen und Gefühle anderer erspüren, auf irgend eine Weise die Aura wahrnehmen, ab und zu die Gedanken nahestehender Menschen lesen und oft auch Elfen und Naturgeister sehen. Die meisten von uns verlieren diese Fähigkeiten allerdings im Laufe der Zeit. Das hat verschiedene Gründe. Zum einen haben Eltern oft Angst, ihr Kind könnte zu einem lebensunfähigen »Träumer« werden und damit in unserer so auf Leistung fixierten Gesellschaft keine Chance haben, wenn es ständig von Elfen erzählt. Also zeigen sie deutlich, daß sie davon nichts halten, und weil alle Kinder von ihren Eltern geliebt werden wollen, »verlernen« die meisten Kinder dann diese Fähigkeit. Aber manche Gaben machen Menschen, die nicht an Magie glauben und sie niemals auf wundervolle Weise erlebt haben, auch einfach Angst. Stellt Euch vor, wie es für so einen Menschen wirken muß, wenn das eigene Kind plötzlich beginnt, die Zukunft vorherzusagen! Vor allem für Leute, die unbedingt »normal« erscheinen wollen, kann das ganz schön bedrohlich sein. Und so wenden sich viele Kinder von diesen Fähigkeiten ab, weil es ihnen wichtiger ist, geliebt zu werden. Schließlich hat das seine Berechtigung - wenn man vier Jahre alt ist, läßt es sich wesentlich leichter ohne eine hellseherische Begabung als ohne die Liebe der Eltern überleben!

Manche Menschen haben das Glück, in Familien aufzuwachsen, die solche Gaben begrüßen und mit ihnen umgehen können; so können sie ihre Fähigkeiten von Anfang an entwickeln, ohne sie erst verlieren zu müssen. Unter Umständen sind auch Deine Eltern »Magieförderer«, denn die Unterstützung von magischem Potential bedeutet nicht zwangsläufig, daß jeden Mittwochabend Zaubersprüche abgefragt werden! Auch wenn Ihr z.B. musikalisch gefördert werdet, Eure Eltern Euch die Ausübung einer Sportart ermöglichen oder Euch einfach immer wieder gut zuhören, unterstützen sie damit Euren Körper, Euren Geist und Euer Gefühlsleben auf eine Weise, die der Entwicklung magischer Gaben äußerst dienlich ist. Doch auch jene, die ihre Begabungen im Laufe der Kindheit tief in sich vergraben haben, können sie durchaus mit guter Anleitung und etwas Übung wieder ans Licht holen! Schließlich handelt es sich um Fähigkeiten, die wir alle haben und nur wieder »aktivieren« müssen.

aurasehen

Es gibt nur sehr wenige Menschen, die mit offenen Augen die Aura einer anderen Person sehen können. Es gibt verschiedene Weisen, die Aura zu sehen, und die mit offenen Augen ist nur eine davon. Jeder muß die Art finden, die ihm persönlich am besten gelingt. Menschen, die es mit offenen Augen tun können, sind also nicht besonders stark begabt, sondern haben darin schlicht die Weise gefunden, auf die es für sie am besten funktioniert - zumal das Sehenlernen der Aura nur die eine Hälfte der Medaille ist. Was fängt man nun mit den auf diese Weise erhaltenen Informationen an? Nur, weil jemand die Aura sehen kann, heißt das nämlich noch lange nicht, daß er dieses Wissen auch sinnvoll einzusetzen vermag.

Übrigens haben nicht nur Menschen eine Aura, sondern Pflanzen und Tiere auch. Da für uns alles lebt und göttlich ist, müßte demzufolge auch alles eine Aura haben. Die meisten Hexen nehmen dieses Glühen auch überall wahr, stellen aber Unterschiede zwischen menschlichen, tierischen, pflanzlichen und mineralischen Auren fest. Am besten schaust Du selbst nach und bildest Dir eine eigene Meinung!

Unserer Erfahrung nach ist der Einstieg am leichtesten, wenn man mit einem Menschen beginnt. Falls Du niemanden findest, der mit Dir gemeinsam üben mag oder Dich beim ersten Mal alleine sicherer fühlst, kannst Du es aber auch gerne mit einem mächtigen Baum oder Deinem schlafenden Haustier versuchen. Falls es sich dabei um eine Katze handelt, kann es Dir allerdings passieren, daß sie aufwacht, Dich genervt ansieht und dann verschwindet; auf diese Weise sagt sie »danke, aber ich will jetzt nicht gescannt werden«. Katzen und oft auch Hunde sind sehr empfänglich für magische Arbeit, wie Du im Zuge Deiner Aktivitäten rasch feststellen wirst!

Falls Du einen menschlichen Übungspartner gefunden hast, stellt Euch gegenüber auf und haltet einen Abstand ein, der es Dir ermöglicht, Deinen Partner oder Deine Partnerin von oben bis unten sehen zu können, ohne das Kinn dabei auf die Brust nehmen zu müssen. Ein bis eineinhalb Meter haben sich bewährt. Schließe nun kurz die Augen, lasse Deinen Atem tiefer werden und entspanne Dich ein wenig. Wenn in Dir Ruhe eingekehrt ist, öffnest Du die Augen wieder und siehst die Dir gegenüberstehende Person aufmerksam an. Versuche, dabei gelassen zu bleiben; führe die Übung konzentriert, aber nicht angestrengt durch. Schau Dir Dein Gegenüber so lange gut an, bis Du das Gefühl hast, alles gesehen zu haben, was es zu sehen gibt.

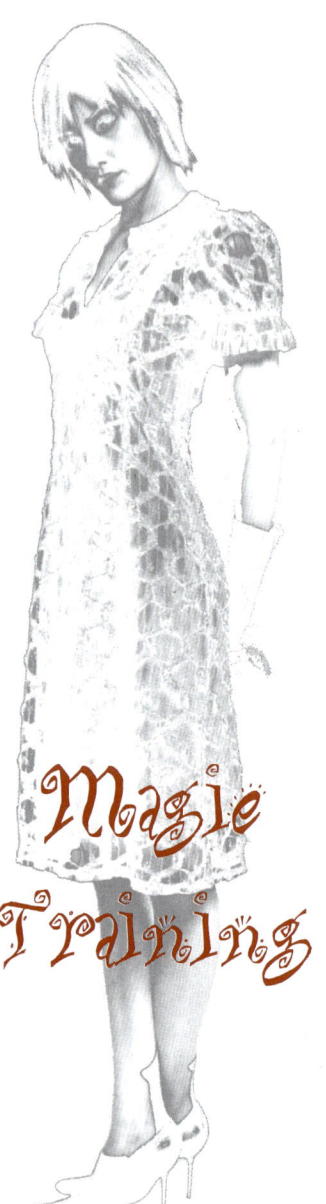

Magie Training

Teen 48 witch

Nun schließt Du die Augen wieder. Lasse vor Deinem inneren Auge ein Bild
der Dir gegenüberstehenden Person entstehen. Versuche, sie mit
Deinen »inneren Augen« zu sehen. Es kann durchaus sein, daß Du
dabei kein fotografisches Abbild erhältst, sondern etwas ganz anderes
entsteht - eine Art Umrißzeichnung aus Energielinien oder einfach nur
farbige Felder zum Beispiel. Möglicherweise bietet sich Dir aber auch
ein ganz anderes Bild; vielleicht nimmt niemand die Aura so wahr, wie
Du es tust, weshalb es sehr wichtig ist, daß Du nicht versuchst, das zu
sehen, was andere bei dieser Technik erleben, sondern Deine ersten
Eindrücke ernstzunehmen. Vielleicht siehst Du gar keine Bilder,
sondern hörst Klänge oder spürst Vibrationen - auch das kann ein
Zugang zum Aurasehen sein.

Vielleicht mußt Du lange Versuche unternehmen, bevor sich etwas tut,
aber oft entstehen bereits beim ersten Mal deutliche Empfindungen. Jetzt
mußt Du lernen, diese zuzuordnen. Wenn sich die Wahrnehmung stabili-
siert hat, kannst Du beginnen, der Dir gegenüber stehenden Person zu schil-
dern, was Du siehst. Sie kann Dir nun sagen, ob Deine Beobachtungen irgend etwas in ihr auslösen. Vielleicht nimmst Du viele Rottöne wahr, und
Dein Gegenüber antwortet: »Kein Wunder, mir ist ja auch total warm.« Oder
Du siehst einen grauen Schatten an einem Schienbein und erfährst, daß
dieses Bein vor Jahren mal gebrochen war. Vergiß aber bitte nicht: Jeder nimmt
eine Aura anders wahr. Du mußt sozusagen die Sprache Deines inneren Au-
ges lernen, bevor Du genau weißt, was es Dir zeigt - vielleicht sieht »heiß«
für Dich ja blau aus! Deshalb solltest Du nicht verzweifeln, wenn sich an-
fangs keine großen Aha-Effekte einstellen. Wenn Du die Technik regelmäßig
anwendest, wirst Du erkennen lernen, welches Bild wofür steht. Dabei kann
es hilfreich sein, nach jeder Durchführung Ergebnisse zu notieren.

Manche »Fehlschläge« sind übrigens gar keine. Manchmal sind sich
Menschen der Ereignisse, die ihre Aura geprägt haben, gar nicht mehr bewußt. So ist uns die Geschichte einer Frau bekannt, die überhaupt nicht verstand, was die Blautönung ihrer Aura um ihren rechten kleinen Zeh herum
bedeuten könnte. Als sie jedoch ihrer Mutter von der Aura-Sitzung erzählte,
schaute diese sie ganz überrascht an und sagte: »An deinem rechten kleinen
Zeh hattest du im Alter von zwei Jahren im Winter eine Erfrierung! Wir waren
damals heilfroh, daß Du ihn nicht verloren hast.«

Eine dritte Kategorie magischer Fähigkeiten bildet die Beschwörung der
Kraft im magischen Kreis. Das wird meist zu Beginn eines jeden Rituals getan, um Energie zur Verfügung zu haben, mit der man Zauber wirken, innere Arbeit leisten oder die Götter anrufen kann. Das kann jeder Mensch lernen, und es ist sehr einfach. Wie steht's - gleich ausprobieren?

Die Kraft beschwören

Bevor Du dieses Training durchführst, solltest Du einen Kreis ziehen, der als Gefäß der Kraft dient - sonst fließt Dir das ganze kostbare Zeug wieder weg (im Kapitel »Ausrüstung« steht, wie das geht). Außerdem ist es sehr wichtig, sich vor der Beschwörung zu erden, damit es Dich nicht »umhaut«, wenn Du die Kraft rufst. Es gibt verschiedene Wege, das zu tun:

1. Nutze die Körperhaltung zur Unterstützung bei Deinem Vorhaben: Beginne mit der Erdung, und schicke die Kraft am Ende nicht wieder in die Erde zurück, sondern sende sie durch Deine Vorstellungskraft in den zuvor gezogenen Kreis. Stelle Dir vor, wie die Energie der Erdung dort nahe am Boden auf der Kreislinie umläuft. Ziehe nun mehr Energie aus der Erde und sende auch diese in den Kreis - Du kannst dazu einen magischen Dolch, einen Stab oder einfach nur Deine Hände benutzen, durch die Du die Kraft sendest. Je mehr Du holst und in den Kreis schickst, umso höher steigt die Energiewand an. Die genaue Form dieses »Kegels« bleibt dabei Deinen Vorlieben überlassen. Manche Hexen bevorzugen einen »Kanal« zum Himmel, andere finden die Energiesammlung im Kegelsystem besonders effektiv. Dabei hört die Energie niemals auf, sich im Kreis zu bewegen. Dein Atem wird immer tiefer, bleibt aber ruhig und langsam (falls er das nicht tut, hast Du einen schlechten Tag erwischt; brich dann einfach ab und versuche es morgen noch einmal). Wenn die Energiewand in Deiner Vorstellung auf der Höhe Deiner herabhängenden Hände angekommen ist, beginnst Du, diese mit dem weiteren Anstieg langsam anzuheben. Du ziehst immer mehr Energie aus der Erde in den Kreis hinein, dessen Kraft höher und höher steigt. Kurz bevor Deine Hände ganz nach oben weisen, atmest Du tief und stoßartig aus und setzt die Kraft mit einer raschen, aber festen und bestimmten Bewegung frei. Nun erfüllt sie Deinen Kreis und steht für Deine magischen Aktivitäten zur Verfügung. Viele Hexen verwenden zum Loslassen der Energie auch einen Ausruf, einen Schrei, einen lauten Juchzer oder ein Wort wie zum Beispiel den Namen ihrer Göttin. Dabei ist allerdings wichtig, daß ein solches Wort die Energie nicht zurückhält, also wirklich frei gerufen wird.

2. Du kannst auch Deine Stimme benutzen, um die Kraft in den Kreis zu rufen. Beginne mit einem leisen, tiefen Summen und stelle Dir dabei vor, wie die Energie in Dich einfließt und Dich umgibt. Je mehr Kraft

Du aus der Erde ziehst, um so lauter und höher wird Dein Summen, bis es sich schließlich im Schrei oder Jauchzen entlädt, wenn Du die Kraft losläßt. Das Schöne an dieser Methode ist, daß sich Summen und Energieanstieg gegenseitig anregen - irgendwann weißt Du wahrscheinlich kaum mehr, was nun was zum Ansteigen bringt. Deshalb ist diese Vorgehensweise sehr effektiv.

3. Du kannst auch Worte, die Du als energiereich empfindest, wieder und wieder aussprechen. Beginne ganz langsam, ruhig und tief; wenn die Energie ansteigt, werden sich auch Geschwindigkeit, Tonhöhe und Lautstärke erhöhen. Du kannst solche Worte ruhig erfinden; oft sind sie dann am wirkungsvollsten, und zudem hast Du auf diese Weise ein echtes »magisches Wort« geschaffen. Manche der »klassischen« Wicca verwenden die magische Anrufung »Eco, eco Azarak - eco, eco Zamelak - eco, eco Karnayna« und wiederholen diese immer wieder (es handelt sich um alte, einstmals geheime Namen von Wicca-Göttern). Du kannst natürlich auch Deine Lieblingsgottheit anrufen oder Dir Namen ganz sparen.

4. Die Kraft wird von vielen Hexen als besonders stark empfunden, wenn man sie gemeinsam mit anderen ruft. Es wird festgelegt, wer durch die Technik führt, und diese anleitende Person bestimmt die Richtung, in der sich die Energie im Kreis bewegen soll. Dann stellt sich die Gruppe in der Runde auf und nimmt einander an der Hand. Jeder stellt sich nun vor, wie er die Kraft aus der Erde durch seinen eigenen Leib hochzieht und in diesen Menschenkreis hinein sendet, wo sie zu kreisen beginnt. Die meisten Coven verwenden die Summ-Methode, aber Ihr solltet solange herumexperimentieren, bis Ihr den Weg gefunden habt, der Euch am meisten Freude bereitet und die besten Ergebnisse bringt. Während die Energie ansteigt, heben sich auch die Hände gemeinsam vor den Körpern nach oben, wobei sie sich aber nicht lösen, sondern die Spannung aufrechterhalten! Erst, wenn die anleitende Person das Summen wie auch das Heben der Hände plötzlich deutlich anzieht, lösen sich die Hände gleichzeitig voneinander, und alle senden die Kraft gemeinsam mit einem tiefen und raschen Ausatmen oder einem Ruf in den heiligen Raum. Das mit der Gleichzeitigkeit ist übrigens ganz einfach, denn nach den Minuten, die Ihr während des Kreisens und Steigens der Energie untereinander in Kontakt wart, könnt Ihr einander sehr gut spüren und werdet deshalb gemeinsam reagieren. Zur Sicherheit kann die anleitende Person aber kurz vor dem Höhepunkt ein kurzes Zeichen geben. Der Job der leitenden Person besteht also primär darin, sich auf die Gruppe einzustellen und alle »unter einen Hut« zu bekommen.

Magie
Training

Hexenabitur – Wie alt muss man sein, um eine Hexe werden zu können?

Da gibt es viele verschiedene Meinungen. Unserer Ansicht nach hängt das nicht zuletzt davon ab, was für eine Art Hexe man werden will. Menschen, die in Hexenfamilien geboren werden und dort aufwachsen, erhalten meist von früher Kindheit an eine ihrem jeweiligen Alter angepaßte Ausbildung. Wer keinen solchen Zugang hat, kann sich jederzeit entsprechende Bücher anschaffen und die darin vorgeschlagenen Übungen durchführen, was ja auch eine Art Ausbildung ist - und diszipliniert angewandt nicht einmal eine schlechte Methode darstellt. Viele »Spät-Einsteiger« scheinen ihre Kindheit ohne Hexentum zu bedauern, obwohl keineswegs gesagt ist, daß Hexenfamilien für die naturmagische Ausbildung geeigneter seien als nichthexische Familien. Wahrscheinlich liegt es an der »Ponymentalität« - auf der anderen Seite des Zauns ist das Gras immer grüner.

Einige Lehrer und Lehrerinnen des Hexenkults nehmen bereits dreizehn- oder vierzehnjährige Magie-Schüler an. Andere bestehen auf einem Mindestalter von achtzehn Jahren - also der Volljährigkeit -, und dafür gibt es verschiedene, unserer Ansicht nach wichtige Gründe.

Die gesetzlichen Regelungen bezüglich der Geschäftsfähigkeit Minderjähriger haben eine wichtige Aufgabe: Sie dienen unter anderem dazu, das Erziehungsrecht der Eltern zu schützen. Sprich: Im allgemeinen ist es das Recht Eurer Eltern, Eure Lebensanschauung, Lebensvollzug und Lebensweise bis zu Eurer Volljährigkeit so zu prägen und zu beeinflussen, wie sie es für richtig halten. Deshalb halten wir es auf jeden Fall für notwendig, daß Eure Eltern, wenn Ihr eine magische Ausbildung absolvieren möchtet, unbedingt ihr schriftliches Einverständnis geben. Natürlich kann sich ein Jugendlicher ab seinem vierzehnten Lebensjahr auf sein Recht der freien Religionswahl berufen, aber da eine umfassende und gut durchgeführte magische Ausbildung auch die Persönlichkeit des Schülers bildet, fällt sie auch wesentlich unter den Begriff der Erziehung.

Nun gilt es in dieser Frage aber nicht nur gesetzliche, sondern auch inhaltliche Punkte zu bedenken. Viele magische Aufgaben erfordern ein hohes Maß an persönlicher Stabilität - sprich: Man sollte wissen, wer man ist, was man will und wie man auf liebevolle (und das bedeutet selbstverantwortliche) Weise mit sich umgehen kann. Diese Fähigkeiten entwickeln sich aber frühestens in der sogenannten und oft bemühten Pubertät - also in jener Phase, während der viele junge Menschen Zugang zum Hexenkult suchen. Sich selbst zu erziehen, zu prüfen und auszubilden ist allemal besser als einen Guru zu suchen, der das übernimmt. Traut Euch!

Schaut Euch einfach ein paar Jahre lang um, und wenn Ihr an Eurem achtzehnten Geburtstag immer noch am Hexenkult interessiert seid, wird Euch so mancher Hexenkreis vielleicht noch mehr schätzen - nicht nur, weil Ihr schon über eine Menge Wissen verfügt, sondern vielmehr, weil Ihr bewiesen habt, daß Euch die Sache wichtig genug war, um mehrere Jahre darauf zu warten. Das heißt für uns ein ganze Menge!

Wie kann ich eine Hexe werden?

Das hängt nicht zuletzt davon ab, was für eine Art Hexe Ihr werden wollt - also davon, was es für Euch heißt, eine Hexe zu sein. Wir haben mal ein paar Kategorien zusammengefaßt:

1. Psi-Hexen

Empathie (Stimmungen und Gefühle anderer erkennen), Heilkräfte, die Gabe der Prophezeiung, Psychometrie (aus Gegenständen Informationen über deren Besitzer lesen zu können), Telepathie (Gedankenlesen) oder ähnliche Fähigkeiten sind ein recht spektakulärer Teil des Hexentums, wie es die breite Öffentlichkeit aus den Mainstream-Medien kennt. Tatsächlich werden solche Gaben in unseren Kreisen als real angesehen, aber viel unauffälliger gehandhabt. Wenn Ihr solche Fähigkeiten einsetzen lernen wollt, aber nichts in der Art geerbt habt, liegt ein hartes Stück Arbeit vor Euch. Damit meinen wir gar nicht mal das eigentliche Training, sondern die Mammutaufgabe, einen guten Lehrer zu finden. Natürlich könnt Ihr auch hier bereits viel aus Büchern lernen, aber für den »Endschliff« ist nach Ansicht der meisten Hexen eine begleitende und darin erfahrene Person notwendig. Diese Person werdet Ihr eines Tages begegnen; habt einfach Vertrauen!

2. Fliegenpilz und Krötenbein ...

Ihr würdet Euch gerne eine Taschengeld-Zulage erhexen? Oder auf magische Weise diesen süßen Typen aus dem Fitneß-Studio auf Euch aufmerksam machen? Dies beschreibt ein anderes Hexenbild - das eines Menschen, der sich mit magischen Ritualen beschäftigt, diese relativ erfolgreich durchführt und über viel Wissen dazu verfügt. Meist ist hier von so genannter Wunschmagie die Rede - also magischen Praktiken, die einen bestimmten Wunsch geschehen lassen sollen. Die entsprechende Ausbildung kann jeder, der sich dafür interessiert, durch einen in Hexenzaubern erfahrenen Menschen oder auch durch die zahlreichen auf dem Markt erhältlichen Bücher bekommen. Nur aus Büchern zu lernen ist allerdings ein harter Weg, weil die einzige Rückmeldung in der Versuch-und-Irrtum-Methode besteht.

ABRACADABRA
ABRACADABR
ABRACADAB
ABRACADA
ABRACAD
ABRACA
ABRAC
ABRA
ABR
AB
A

»Psi«

... ist übrigens keine geheimnisvolle Abkürzung, sondern schlichtweg der 23. Buchstabe des griechischen Alphabets, der gerne zur Bezeichnung von außersinnlicher Wahrnehmung (ASW) und paranormalen Fähigkeiten verwendet wird.
Psi ist die wissenschaftliche Abkürzung für Parapsychologie.

3. Der heilkundige Mensch

Seit antiken Zeiten werden Menschen als Hexen bezeichnet, die genau genommen nicht mehr (aber auch nicht weniger!) als gut ausgebildete Heilkundler sind - Menschen, die über ein umfassendes Wissen bezüglich alternativer und sogenannter »sanfter« Heilweisen verfügen und ihre Heilmittel meist auch selbst sammeln sowie herstellen. Da diese Menschen Körper und Seele als Einheit betrachten, wenden sie manchmal auch Heilmagie an. Wer sich für Heilmagie interessiert, kann von einem solchen Kräuter- und Heilkundigen selbst lernen oder auch eine medizinische, naturheilkundliche oder ähnliche Ausbildung machen. Ihr solltet aber unbedingt wissen, daß sich nach deutschem Gesetz jeder strafbar macht, der ohne eine offiziell anerkannte Ausbildung Menschen außerhalb des Familien- und Freundeskreises medizinisch behandelt und/oder Geld dafür nimmt. Aus diesem Grund absolvieren viele Hexen eine staatlich anerkannte Therapeuten- oder Heilpraktikerausbildung bzw. erlernen einen entsprechenden Beruf.

4. Feministische Ansätze

In den sechziger Jahren des 20. Jhs. gingen in Italien viele Frauen in Demonstrationen für Gleichberechtigung mit dem Slogan »Zittert, zittert, die Hexen kommen wieder« auf die Straße und begründeten damit eine feministische Richtung, die sich teilweise noch heute mit dem Bild der mittelalterlichen Hebamme und Heilkundigen identifiziert, die für ihr Wissen und ihre Unabhängigkeit von der Kirche mit dem Tode bestraft wurde. Diese Gruppen stehen dem magischen Aspekt meist eher zwiespältig gegenüber: Während einige jeglichen Kontakt damit strikt ablehnen und sich nur im historischen Kontext als Hexe sehen, nutzen andere bestimmte Riten für ihre Selbstverwirklichung als Frau und zur Veränderung der männerorientierten gesellschaftlichen Verhältnisse. Wer sich in dieser Richtung engagieren möchte, wendet sich am besten an eine örtliche Frauenvereinigung, ein Frauenhaus oder die feministische Bewegung. Schließlich gibt es noch die dianischen Coven - Hexenkreise, die nur aus Frauen bestehen.

5. Satanismus

Auch im Satanismus ist es oft üblich, männliche wie weibliche Praktizierende als Hexen bzw. Hexer zu bezeichnen. Die meisten dem Hexenkult angehörenden Menschen sehen hier jedoch keine Gemeinsamkeit, weil sie sich auf eine ganz andere Religion beziehen, in der eine dem Satan vergleichbare Gestalt nicht vorkommt. Satanismus ist nur innerhalb eines christlichen Gedankengebäudes möglich, weil er sich auf eine der überlieferten christlichen Gestalten bezieht. Grundsätzlich geht es den meisten (wenn auch nicht allen) dieser Gruppen oder Einzelpersonen eher darum, zu provozieren, indem sie eine Haltung einnehmen, die schockiert und von vielen Menschen in unserer Gesellschaft als unanständig und unheilig betrachtet wird. Viele gleichen damit ein kaputtes Selbstbewußtsein wieder aus. Allerdings gibt es auch eine nicht gewalttätige Richtung, die einen eher philosophischen Ansatz vertritt und mit dem, was uns üblicherweise von Fernsehen und Illustrierten als Satanismus präsentiert wird, nicht viel gemeinsam hat.

6. Naturreligion

Hiermit sind Menschen gemeint, die eine der vielen Spielarten dessen leben, was im allgemeinen als »Naturreligion« bezeichnet wird - also einen Glauben, welcher die Erde als sich ihrer selbst bewußtes und intelligentes Wesen betrachtet. Diese Menschen sehen Gott nicht als eine Instanz an, die sich außerhalb der Schöpfung befindet und diese beobachtet, sondern sind der Ansicht, daß die Welt selbst der Körper der Gottheit ist. Es gibt viele naturreligiöse Splittergruppen; eine der bekanntesten und wohl die größte dürfte die Wicca-Bewegung sein, die in den USA sogar offiziell als Kirche anerkannt ist. Darüber hinaus gibt es eine Reihe von Gruppen, die sich hauptsächlich mit bestimmten (meist vorchristlichen) Religionen und Pantheons (also Götterhimmeln sowie deren Bewohnern) beschäftigen - die bekanntesten dürften hier jene sein, die sich auf den indianischen, den keltischen und den nordisch-germanischen Kulturkreis beziehen. Schließlich gibt es noch Menschen, die in eine Familie mit einer naturreligiösen Tradition hineingeboren wurden und die Glaubensformen ihrer Eltern übernommen haben, und jene Leute, die sich ihre eigene Religion und Spiritualität erschließen, ohne in irgend eine Tradtion eingeweiht worden zu sein. Manchmal geben sie ihre Erkenntnisse an ihre Kinder oder an andere Menschen weiter und begründen so einen neuen Pfad auf diesem uralten Weg.

Es ist nicht einfach, einen Lehrer zu finden, der eine solche Ausbildung vornehmen kann. Viele Hexen glauben deshalb, daß bereits die Tatsache, einen Lehrer gefunden zu haben, ein wichtiges Anzeichen für die Eignung des »Schülers« für die Priesterschaft ist. Manche dieser naturreligiösen Priester und Priesterinnen lehnen übrigens den Begriff »Hexe« als Bezeichnung für sich selbst ab, weil sie in den Hexen reine magische »User« sehen, sich selbst aber aber als jemanden betrachten, der darüber hinaus auch einen religiösen Glauben lebt, seelsorgerische Aufgaben übernimmt, die Mysterien des Lebens erforscht und einen spirituellen Lebensweg geht. Die Öffentlichkeit macht diese Unterscheidung allerdings meist nicht, und manche Hexen wiederum empfinden sich durch diese Differenzierung als abgewertet.

Druidin

Motiv des Titelblatts
der Weihnachtsausgabe
der Zeitschrift Le Monde Illustré.
Leftwich-Dodge. 1899.

Viele naturreligiöse Menschen verwenden in ihrer Arbeit einen großen Teil jener Hilfsmittel und Rituale, auf die sich auch andere Hexen stützen, setzen diese darüber hinaus aber auch für ihre spirituelle Entwicklung ein. Wie erfolgreich diese Bemühungen sind, hängt dabei aber weniger von den eingesetzten Techniken als vom einzelnen Menschen ab. Manchmal absolvieren initiierte Priester bzw. Priesterinnen der Naturreligion neben ihrer spirituellen eine offiziell anerkannte Ausbildung im psychologischen, pädagogischen oder seelsorgerischen Bereich, um ihren Aufgaben in höherem Maße gerecht werden zu können.

Grundsätzlich gibt es innerhalb des Hexenkults niemanden, der für alle Hexen gültig bestimmen darf, was genau das ist und ab wann man sich so nennen darf. Wir zwei sind der Ansicht, daß Ihr von dem Augenblick an dazugehört, wo Ihr beginnt, Euch ernsthaft mit dem Hexenkult zu beschäftigen. Deshalb haben wir den Begriff der Newbie-Hexe gewählt- um darzustellen, daß es sich bei Junghexen einfach um noch nicht so erfahrene Hexen handelt, die aber in jeder anderen Hinsicht vollwertige Mitglieder des Hexenkults sind.

Kapitel 4

Wie funktioniert Magie?

Ja, wie macht man das - mit »Simsalabim« oder »Riddiculum«, mit einem Blinzeln, einem Fingerschnippen und mit etwas Zauberstabgewedel? Oder ist es doch wirkungsvoller, ein paar mehr oder weniger elegante Reime zu dichten und das Zauberbuch zu befragen? Jeder redet von der wilden Magie, der Heilmagie, der Wunschmagie, Magie in Dosen und Pülverchen, in Essenzen und alten Formeln; selbstgemacht und eingekauft, vererbt oder im Traum offenbart. Schon die alten Ägypter wußten um sie, und manchmal möchte man die versammelten Ahnen so richtig verwünschen, weil sie unpraktischerweise sämtliche geheimen Zauberbücher mit den Rezepten für die echte, uralte Magie im Laufe der letzten Jahrhunderte irgendwo am Wegesrand liegen lassen haben. Wenn man der Werbung glaubt, ist seit neuestem beinahe in allem »ein Hauch Magie« enthalten - aber wie kommt man an diese heran?

Die Welt hinter der Welt

Hexen glauben, daß unsere Welt von einer anderen, feinstofflichen, ganz zarten Welt wie von einem hauchdünnen Schleier durchdrungen wird. Was heißt hier »glauben« - eine ganze Reihe von Hexen können diese Welt sogar sehen, und wenn Ihr die Auraübung aus dem dritten Kapitel regelmäßig und selbstkritisch ausführt, werdet auch Ihr bald einen Teil davon wahrnehmen können. Die Beziehung zwischen der feinstofflichen Ebene und unserer (die entsprechend als die grobstoffliche bezeichnet wird) ähnelt der Beziehung zwischen einem Plan für ein Haus und dem Haus selbst. Bevor das Haus reale und anfaßbare Gestalt annehmen kann, muß es zunächst symbolisch auf einem Blatt Papier dargestellt werden, damit die Arbeiter dort nachsehen können und wissen, was sie bauen sollen. Auf ähnliche Weise dient die feinstoffliche Welt als Plan für unsere Realität. Was auch immer hier Gestalt annimmt oder sich ereignet, ist vorher in die feinstoffliche Ebene »eingezeichnet« worden. Magie beschäftigt sich nun mit der Kunst, das zu zeichnen, was die Hexe Wirklichkeit werden lassen möchte. Übrigens ist es für das Funktionieren eines Zaubers völlig unwichtig, ob Ihr an diese Welt hinter der

Hexenschmuck

... versteinerte Schnecke, zu einer Scheibe
geschliffen, in Silberfassung.
Berchtesgaden, 18.Jhd.

unseren glaubt oder nicht - schließlich fragt auch die Lampe, deren Schalter ich gerade betätigt habe nicht, ob ich an Elektrizität glaube, bevor sie sich entscheidet aufzuleuchten. Wichtig ist also nicht, ob Ihr an Magie glaubt, sondern nur, ob Ihr imstande seid, den Schalter zu finden!

Wir wissen nicht, wie das mit anderen Arten der Magie ist, aber die der Hexen funktioniert, weil wir all unsere Kraft, unsere Liebe, unser Leid und unsere Gefühle hineinlegen. Wir bauen durch regelmäßige magische Arbeit gewissermaßen eine Art Standleitung auf, die uns ständig und ohne Unterbrechung mit den Kraftquellen der Naturmagie verbindet. Sie funktioniert auch, weil wir uns der Macht der Vorstellungskraft bedienen und dem Universum einen genau gezeichneten »Plan« dessen geben, was wir uns wünschen. Und sie funktioniert, weil wir mächtige Verbündete haben - Wesen, die nicht menschlich sind und deshalb nicht umsonst als Götter, Naturgeister oder Wächter der Elemente bezeichnet werden. Interessanterweise wirkt das unserer Erfahrung nach oft wesentlich besser als ein magischer Zwang!

Glaube oder Technik?

Als Hexen habt Ihr (mindestens) zwei Möglichkeiten, an diese Sache heranzugehen. Nummer eins: Ihr haltet Euch an eine unserer Überlieferungen, die besagt, daß die Göttin der Hexen immer ein offenes Ohr für uns hat. Oder, wie es Aradia, die Tochter der Göttin Diana ausdrückte:

Wann immer ihr etwas bedürfet,

einmal im Monat, bei Vollmond,

sollt Ihr Euch an einem einsamen Platz versammeln

oder in einem Wald zusammenkommen,

um anzubeten den umfassenden Geist Eurer Königin,

meiner Mutter, der großen Diana.

Wer all die Zauberkunst erlernen will,

[Und] hat noch nicht ihre tiefsten Geheimnisse enthüllt,

sie wird meine Mutter lehren

die Wahrheit der geheimsten Dinge.

Charles G. Leland in »Aradia. Die Lehren der Hexen«

Interessant an diesem Text ist, daß er ganz offen die Möglichkeit anspricht, auch ohne eine menschliche Lehrerin Einweihung in die Hexenkunst zu erhalten. Und wir wissen tatsächlich von Hexen, die diesen Weg gegangen sind; er ist ein hartes Stück äußerst disziplinierter Arbeit, aber wer sich überwinden kann, an eine der vielen Erscheinungsformen der Großen Göttin zu glauben und diese um Hilfe bittet, wird von ihr nicht im Stich gelassen werden.

Möglichkeit Nummer zwei: Ihr betrachtet Magie als eine praxisorientierte Technik, die umso bessere Ergebnisse zeigt, je geübter sie eingesetzt wird. Auch hier gibt es die verschiedensten Herangehensweisen, ob mit Unterstützung eines Lehrers, im Freundeskreis, oder alleine - es ist egal, solange Ihr Euch selbst in die Augen sehen und sagen könnt: »Ja, das ist genau das Richtige für mich!«.

In beiden Fällen benutzt Ihr jedoch dieselben Werkzeuge, um Eure Umgebung zu verändern, denn in beiden Fällen müßt Ihr einen Plan zeichnen, den Ihr dann je nach Einstellung selbst oder mit Hilfe mystischer Wesenheiten umsetzt. Wahrscheinlich liegt die Wahrheit eh mal wieder in der Mitte und stellt eine wohldosierte Mischung dieser wohl nur scheinbar so gegensätzlichen Ansichten dar.

Die Vorstellungskraft

Hier liegt ein wesentlicher Teil magischer Macht verborgen. Je genauer Ihr Euch ein Ziel vorstellen könnt, umso näher seid Ihr an dessen tatsächlicher Umsetzung. Viele Zauber scheitern nur deswegen, weil sich die ausführende Hexe das, was sie wollte, nicht genau genug vorstellen konnte. Diese auch Visualisation genannte Fähigkeit läßt sich jedoch trainieren, und je öfter Ihr das tut, umso erfolgreicher werden Eure Zauber sein. Wichtig ist, daß Ihr Euch das erwünschte Ziel immer in allen Details vorstellt, es also vor Eurem inneren Auge so komplett wie nur irgend möglich erscheinen laßt. Wenn wir etwas nicht in unserem Leben haben wollen, sagen wir oft »das kann ich mir nicht vorstellen«. Das sagt doch eine Menge darüber aus, was geschieht, wenn wir uns eine Sache mal ganz genau vors innere Auge führen ...

Visualisation

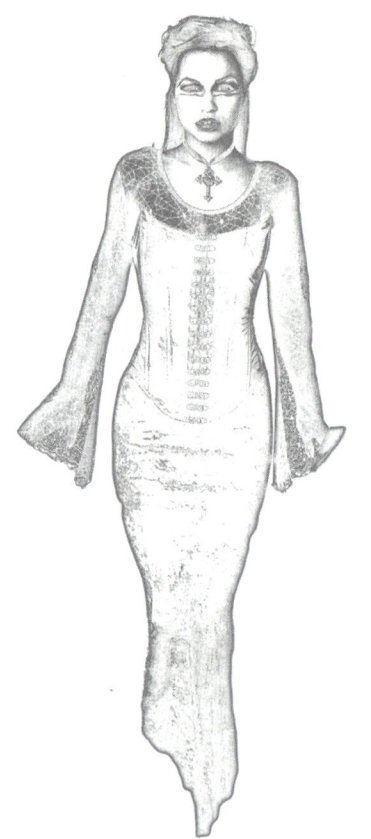

Magie Training

Suche Dir einen ruhigen, gemütlichen Ort im Haus oder auch im Freien und mache es Dir bequem. Schön wäre es, wenn Du dort für ein paar Minuten ungestört sein könntest. Schließe nun die Augen. Atme einige Male bewußt, aber dennoch leicht und ungezwungen ein und wieder aus, bis Dein Atem ganz von selbst etwas ruhiger und tiefer wird.

Stelle Dir nun vor, daß Du an einem Strand spazieren gehst. Sieh die Szenerie in all ihren Einzelheiten vor Dir: das blaue Meer, das sich glitzernd bis zum Horizont erstreckt; der klare, hellblaue Himmel, über den einzelne Möwen jagen; die gleißend hell scheinende Sonne; der Sand, die Felsen, ein paar Pinien; die Linien der Berge im Hinterland … einfach alles, was dort sein könnte.

Konzentriere Dich nun auf die Geräusche. Da ist das Rauschen der Wellen, das rhythmisch immer wiederkehrt. Was auch geschehen mag, die Wellen werden weiterrauschen. Hin und wieder raschelt der Wind durch die Pinien, deren alte, schwere Äste dann ächzen und manchmal sogar ein wenig quietschen. Die Möwen schreien hoch über Dir, und von der Landseite her kannst Du den einen oder anderen Singvogel hören.

Versuche nun, die Luft zu riechen. Was für ein Aroma hat sie? Bestimmt liegt der Geruch von Salz und Fisch in der Luft, aber von den Pinien strömen auch harzige Duftnoten zu Dir herüber. Der Wind dreht sich kurz und weht Dir von den fernen Bergen den Geruch südlicher Kräuter und Gewürze zu - für einen kurzen Augenblick umschmeicheln Rosmarin, Oregano und Thymian Deine Nase.

Als nächstes wende Dich den Wahrnehmungen Deiner Haut zu. Spüre, wie der lauwarme Wind sanft darüber streicht und die Sonne darauf niederbrennt (es ist noch nicht zu spät, Deiner Visualisationsübung eine große Flasche Sonnenöl beizufügen!). Wie fühlt sich der Sand zwischen Deinen Zehen und unter Deinen Fußsohlen an? Stelle Dir vor, Du gehst genau dort entlang, wo die Wellen auslaufen. Wie fühlt es sich an, wenn das Meerwasser immer wieder Deine Füße benetzt, um sich dann zurückzuziehen? Bleibe einen Moment stehen. Spürst Du, wie jede zurückweichende Welle etwas Sand unter Deinen Füßen mitnimmt? Vor Dir liegt eine hübsche Muschel. Nimm sie auf und fahre mit den Fingern ihre glatte Schale, aber auch die geriffelten Kanten entlang. Wie fühlt sich das an?

Und wenn Du schon mal da unten hockst, nimm doch gleich mal eine
Handvoll Meerwasser in den Mund. Teste die Qualität der Luft mit
Deiner Zunge. Beim Weitergehen entdeckst Du einen Eisverkäufer. Hole
Dir Deine Lieblingssorte und lasse sie genüßlich auf Deiner imaginä-
ren Zunge zergehen.

Du kannst dieses Training in jede beliebige Situation oder Landschaft
verlegen; vielleicht versuchst Du es mit einem Wald, einer Stadt oder einem
Berggipfel. Du kannst das Imaginationstraining auch mit einer interessan-
ten Tätigkeit verbinden: Stelle Dir zum Beispiel vor, daß Du an einem Koral-
lenriff tauchst, an einem Fallschirm zur Erde gleitest oder einen Vulkan-
hang hinaufsteigst.

Magie
Training

witch 61 teen

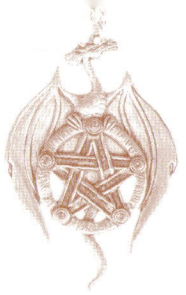

Analogien und Symbole

Hexen verstärken ihre Zauber gerne mit Symbolen oder mit Dingen, die in einer sogenannten analogen Verbindung zu dem von ihnen gewünschten Ziel stehen. Es gibt zwei große Arten von Beziehungen; in unserer Kultur wird aber meist nur die logische gelehrt. Die kann man sich als eine Art waagerechte Linie vorstellen, auf der eine bestimmte Ursache der Auslöser für eine ebenso bestimmte Wirkung ist. Analoges Denken verläuft im Vergleich dazu senkrecht; hier werden Ordnungen gesehen, die nicht logisch erklärbar sind, sondern eher mit Synchronizität, also Gleichzeitigkeit zu tun haben. So gehört das Metall Silber zum Beispiel zur Analogiekette des Mondes, weil der ebenfalls silbern ist, obwohl das eine nicht die Farbe des anderen verursacht. Für analoge Beziehungen bekommt man automatisch ein Gefühl, wenn man sich eine zeitlang regelmäßig damit beschäftigt.

Will man sich also in einem Ritual der Mondkräfte bedienen, kann es hilfreich sein, sich »von Kopf bis Fuß« auf den Mond einzustellen. Dann gibt es Mondlaternendekoration, Halbmondplätzchen und Rundkekse, und natürlich wird alles in den Farben Weiß und Silber gehalten. Diese Arbeitsweise wird oft assoziativ genannt, was bedeutet, daß wir uns jene Gedanken, Erinnerungen, Gefühle, etc. zu nutze machen, die ein bestimmtes Thema in uns auslöst.

Symbole wiederum sind eigentlich nichts anderes als Dolmetscher. Magie wird nämlich nicht vom Verstand bewirkt - der entscheidet lediglich, was wir erreichen wollen. Die eigentliche Arbeit aber wird von wesentlich älteren Anteilen unserer Persönlichkeit geleistet, nämlich von jenen, die sich seit der Urzeit des Menschen kaum verändert haben. Das sind uralte, tiefe, archetypische und archaische Anteile von uns, die ganz weit unten in unserem Unterbewußtsein hocken und auf Jobs warten. Während sie so warten, heulen sie wahrscheinlich den Mond an oder machen sonst irgendetwas Uriges. Diese Bereiche sind älter als die menschliche Sprache, weshalb wir Probleme bekommen, wenn wir uns an sie wenden und ihnen Anweisungen zur Umsetzung eines Zaubers geben. Umgekehrt hat nämlich auch unser im Vergleich dazu blutjunger Verstand schon längst vergessen, wie die grunzenden, heulenden, singenden, summenden, jauchzenden, schreienden, lachenden, jammernden oder stöhnenden Laute unserer Urebene genau zu interpretieren sind.

Glücklicherweise gibt es eine dritte Sprache, die beide Wesensanteile des Menschen beherrschen, und zwar jene der Symbole. Diese Dinger sind ungemein praktisch, denn ein gut entworfenes Symbol (oder eines, das sich über lange, lange Zeit entwickelt hat) vermittelt sowohl unserem Verstand als auch unseren archaischen Selbstanteilen in Sekundenbruchteilen mehr Informa-

tionen, als auf eine Buchseite passen. So verbindet unser Verstand die Zeichnung eines Halbmonds augenblicklich mit einer enormen Menge an Daten zu den Themen Mond, Erdtrabant, Gezeiten, Anziehungskräfte, Mondphasen, Menstruation, Werwölfe, Kalender, Magie, leckeren Vanillekipferln und vielem mehr, während sich unsere archaischen Selbstanteile beim Anblick dieser Zeichnung automatisch auf die Hinterläufe setzen und selig zu heulen beginnen. Auf beiden Seiten weiß man sofort, was gemeint ist.

Die Elemente

Die vier Elemente Erde, Feuer, Luft und Wasser sind wesentliche Bestandteile wie auch Hilfsmittel der Naturmagie, denn auf ihnen basiert die materielle Wirklichkeit, und auch die feinstoffliche Realität ist ohne sie reichlich aufgeschmissen. Sie symbolisieren vier Seinsqualitäten, die absolut grundlegend und deshalb in jeder Sache, jedem Ding, jedem Gedanken, jedem Wesen, jeder Persönlichkeit und jeder Angelegenheit enthalten sind - na, eben überall. Das ist einer der wesentlichen Unterschiede zwischen den magischen Elementen und jenen der Periodentafel aus der Chemie. Nicht jedes dieser Elemente ist überall vertreten; Luft enthält zum Beispiel normalerweise kein Blei (Gegenden wie Nordirland oder Palästina zählen hier nicht.) Bei den magischen Elementen geht es jedoch niemals um die Frage, ob, sondern nur, in welchem Verhältnis zueinander sie in einer Sache vorkommen. Das ist aus zweierlei Gründen von Bedeutung: Zum einen hilft es, das am stärksten betonte Element meines magischen Ziels zu kennen, weil ich diese Qualität dann gezielt im Zauberritual unterstützen und so herbeirufen kann. Zum anderen aber hat der Hexenkult ja wie erwähnt auch eine spirituelle Seite, innerhalb welcher wir als Persönlichkeiten oft danach streben, die Elemente in uns selbst ins Gleichgewicht zu bringen und dort zu bewahren. Wenn jemand z.B. nur sehr wenig Erdqualitäten in seinem Leben hat, also nicht in der Lage ist, ganz normale Alltagsdinge zu tun, in keinem Job lange bleiben kann und selbst seinen Körper nicht mag, dann wird ihm auch ein Geldzauber weder den erhofften Wohlstand noch Zufriedenheit bringen. Geld gehört unter anderem dem Element Erde an, und wenn ich nicht in der Lage bin, in meinem Alltag mit diesem Element umzugehen, werde ich es auch in einem Zauber eher abstoßen als anziehen. Dann wäre es sinnvoll, sich zunächst der spirituellen Seiten des Hexenkults zuzuwenden und diesem Element mit Erdmagie, Erdritualen und vielen praktischen Übungen mehr Gewicht in meiner Persönlichkeit zu verschaffen. Auch das ist eine Form von Magie, die allerdings höher entwickelt und deshalb langwieriger, aber meist auch erfolgreicher ist als die des Wirkzaubers. Dennoch bieten die klassischen Hexenzauber eine gute Möglichkeit, sich selbst und die Magie kennenzulernen - und jene, die sie ernsthaft betreiben, führen sie von selbst zu den höheren Formen der Magie.

Übrigens ist die Lehre von den vier magischen Elementen die Grundlage unseres heutigen Periodensystems - man unterschätze also ihre Bedeutung nicht. Wir möchten darüber aber keine weiteren Vorträge halten, sondern Euch einfach einen Haufen Stichworte zu jedem der magischen Elemente in die Hand drücken. Spielt damit, dreht und wendet sie, betrachtet sie von allen Seiten und hüpft darauf herum - seid respektlos und macht sie Euch zu eigen, denn nur vom Anschauen ist noch niemand mit der Sache vertraut geworden!

Überschneidungen oder auch andere Zuordnungen sind übrigens keineswegs ein Zeichen dafür, daß da jemand »etwas nicht verstanden« hat, sondern zeigen nur, wie sehr sich die Wahrnehmung verschiedener Menschen unterscheiden kann. So läßt sich z.B. Glas ganz hervorragend allen vier Elementen zuordnen: Seine feine, durchsichtige Qualität gehört der Luft an, aber es wird vom Feuer geformt, im Wasser erkaltet es und aus der Erde stammen seine Bestandteile. Auf diese Weise spielen alle Elemente in allen Dingen zusammen; es gilt nur, herauszufinden, welches Element dominant ist. Und das kann sich von Augenblick zu Augenblick wie auch von einem wahrnehmenden Menschen zum anderen durchaus ändern!

LUFT

Morgen, Osten, Sonnenaufgang, Kühle Brise, Morgendämmerung, Verstand, Klarheit, Vogel, Gesang, Denken, Weiss, Eisblau, Hellgelb, Struktur, Plan, Entscheidung, Analyse, Hoffnungen, Wünsche, Jugend, Reinigung, Bildung, Kommunikation, Wissenschaften, Elektrizität, Dolch und Schwert, Falke, Adler, verspielter Luftzug, sich im Wind wiegende Äste, Angst, tosender Sturm, Hurrikan, Luftverschmutzung, schneidender Wind, Weben, Spinnen, Programmieren, Bergkristall, Minze, Pusteblume, Quecksilber, Jungfrau, Flug, Wolken, Leichtigkeit, Glas, durchsichtig, Aten, Schwüle, Gewitter, gelb

... Was fällt Euch dazu ein?

Feuer

Mittag, Süden, Sonnenglut, Zorn, Begeisterung, Licht, Flamme, Hitze,
Trockenheit, Wärme, Backen, Brüten, Schärfe, Brennen, Inspirieren,
Verzehren, Sieden, Leuchten, Salamander, Fruchtbarkeit, Mutter,
Reinigung, Phönix, Transformation, Sex, Schöpferkraft, Stoffwechsel,
mittleres Alter, Treibhauseffekt, Glut, Kerzenlicht, Funke, Vulkanausbruch,
Feuersbrunst, Kreativität, Krieg, Blut, Triebe, Fieber, Leidenschaft, Kunst,
Stab und Speer, Kessel, Heilung, Löwe, Pfeffer, Rubin, Gold, Mars, Liebe,
brennend, flackernd, tödlich, Asche, Blitz, rot

... Fällt Euch noch mehr ein?

Wasser

Abend, Westen, Sonnenuntergang, Gefühle, Nässe, Spiegel, Fluss,
Delphin, Wasser-Säugetiere, Tropfen, Regen, Meer, Intuition,
Beharrlichkeit, Reinigung, Liebe, Trauer, Angst, Alter,
Abenddämmerung, Wasserfall, See, Eis, Dampf, Schnee, Empfindungen,
Weisheit, Urwissen, Hingabe, Anpassen, Mond, Fruchtbarkeit
Ausgleichung, die Gezeiten, Kelch und Kessel, Heilen,
Fische, Weide, Perlen, Mondstein, Silber, Neptun, Waschen,
Nixen, Nymphen, Meerjungfrau, Quelle, lebenswichtig, blau
... Was seht ihr vor Euch?

Erde

Nacht, Norden, Tod und Wiedergeburt, Arbeit, Form und Gestalt,
Materie, Berg, Stein, Sand, Wiese, Wald, Realität, Nahrung, Wachstum,
Urwissen, Beständigkeit, Getreide, Ernte, Sichel, Lehm, Ton,
Gebirge, Kristall, Kiesel, Mutter, Höhle, Weisheit,
Aufbau und Niedergang, Schild, Stier, Büffel, Onyx, Kümmel, Eisen,
Saturn, Steinbock, Auerochse, Cernunnos, der Hirschgott, Zwerge und Gnomen,
Kartoffel, Eiche, Terracotta, wachsen, Globus, Ernte,
ein Troll, der zu spät nach Hause kam, grün

... gebt Eurer Phantasie ruhig die Zügel frei, es bekommt ja niemand mit!

witch 69 teen

Anrufung der Elemente

Ritual

Spätestens seit dem Spielfilm *Der Hexenclub* gehört zu jedem Hexenritual eine Elemente-Anrufung. Allerdings wird sie nicht von jeder Hexe auf die gleiche Weise ausgeführt. Das folgende Ritual soll Dir ermöglichen, die Elemente besser kennenzulernen, damit Du ein Gefühl für sie bekommen und in Zukunft selbst entscheiden kannst, auf welche Art Du mit ihnen arbeiten möchtest.

Wir ordnen hier die einzelnen Elemente den Himmelsrichtungen zu. Es gibt da jedoch mehrere Systeme, das hier entstammt der Wicca-Tradition und stellt eines der häufigsten dar.

Um das Ritual auszuführen benötigst Du vier Gegenstände die die Elemente repräsentieren. Das kann für die Luft eine Feder, ein klarer Bergkristall oder ein hauchdünner hellblauer Schleier sein; für das Feuer eignet sich ein Feuerstein, Vulkangestein (z.B. ein Stück Basalt), ein Schmuckstück aus Gold, eine gezeichnete goldene Sonnenscheibe oder ein Tuch von orange-roter Farbe; für das Wasser kannst Du eine kleine wassergefüllte Schale, eine Muschel, ein silbernes Schmuckstück, einen gezeichneten silbernen Halbmond oder ein blaugrünes Tuch verwenden, und die Erde läßt sich gut mit Hilfe eines schönen Steins, einer Handvoll Steinsalz oder einem braun-goldenen Tuch rufen. Vielleicht findest Du auch andere Dinge, die ebenso gut passen. Finde einen kleinen Korb oder eine Tasche und lege die vier Gegenstände hinein. Begib Dich in den Raum, in dem Du das Ritual durchführen willst und sorge dafür, dort nicht gestört zu werden. Stelle in der Nähe der Ostwand dieses Raums eine weiße oder hellblaue Kerze auf, im Süden eine rote, im Westen eine dunkelblaue oder blaugrüne und im Norden eine braune oder schwarze.

Lies nun im Kapitel »Ausrüstung« nach, wie man einen magischen Kreis zieht, und tue das. Du hast das Zimmer damit zu einem heiligen Ort zwischen den Welten gemacht, an dem Dinge geschehen können, die im Alltag nicht möglich oder schwer wahrnehmbar wären. Erde Dich jetzt und finde Ruhe. Wenn sich Dein Atem und Dein Herzschlag etwas verlangsamt und vertieft haben, wende Dich der Kerze im Osten zu und rufe das Element Luft. Es gibt so viele verschiedene Arten, dies zu tun, wie es anrufende Menschen gibt. Im Grunde genommen zählst Du die Dir liebsten Erscheinungsfomen des Elements auf, sprichst vielleicht noch kurz über seine Funktion für Dich und bittest es dann, zu erscheinen. Das kann ungefähr so aussehen:

Ritual

»Wesen der Luft,

Geister des Ostens,

ich rufe Euch!

Komm zu mir,

prächtiger Adler

der windumtosten Höhen;

Morgenröte, die über den

ersten Vogelstimmen schwebt;

Ihr herrlichen Sänger!

Kommt zu mir, damit ich klar sehen

und die richtigen Entscheidungen

treffen kann.

Seid bei mir,

jetzt,

und lehrt mich

die Weisheit der Luft!«

Mit den letzten Worten zündest Du die Kerze im Osten an und legst bedächtig den dazugehörigen Gegenstand davor. Setze Dich nun einige Augenblicke vor die Kerze und schließe die Augen; vielleicht möchtest Du aber auch in die Flamme hineinsehen, um Deine Visionen zu erhalten. Begib Dich in Deinem Geist an einen hohen, windigen Ort und sieh einem wunderbaren Sonnenaufgang an einem kühlen Frühlingsmorgen zu. Lasse die Bilder sich entwickeln, lasse sie dich hierhin und dorthin führen, wie sie es möchten. Beobachte auch Deine Gedanken und Gefühle, um alles über das Element Luft zu erfahren, das man Dir heute offenbaren will.

Wenn Du das Gefühl hast, augenblicklich nicht mehr erfahren oder aufnehmen zu können, öffne die Augen, erhebe Dich und nimm Deinen Korb, um weiter in den Süden zu gehen. Dort rufst Du das Element Feuer an. Das kann ungefähr so aussehen:

Ritual

»Wesen des Feuers,
Geister des Südens,
ich rufe Euch!
Ich rufe den stolzen Löwen,
der unter brütender Mittagssonne
einher schreitet,
die Leidenschaft, den Mut
und die Kraft der Veränderung!
Heilige Flamme,
komm zu mir und reinige mich
mit Deinem Leuchten.
Sei bei mir,
jetzt,
und lehre mich
die Weisheit des Feuers!«

Entzünde die Kerze, lege den Gegenstand davor und lasse Dich einige
Augenblicke lang vom Element Feuer erfüllen, bevor Du die Augen
wieder öffnest und in den Westen des Raums weitergehst. Die Anrufung
könnte so lauten:

>>Ich rufe die Wesen des Westens,
die Geister des Wassers!
Weiser Delphin, der du
durch die tiefen Weltmeere ziehst,
höre mich!
Komm zu mir im Sonnenuntergang
mit all Deiner Kraft der Weisheit,
der Intuition und der tiefen Gefühle!
Sei hier,
jetzt,
und lehre mich
die Weisheit des Wassers!<<

Ritual

witch 73 teen

Entzünde wiederum die Kerze, lege den Gegenstand ab und empfange das Element, bevor Du zur letzten Kerze im Norden weitergehst. Dort sage vielleicht etwas in dieser Art:

»Wesen des Nordens,

Geister der Erde,

ich rufe Euch!

Macht der höchsten und ältesten Berge, der

Felsen und des Urgesteins,

sei bei mir!

Ich rufe den donnernden Stier,

den alten, weisen Hirsch,

damit ich erfahre, was die Welt ist

und was sie zusammenhält!

Seid hier,

jetzt,

und lehrt mich

die Weisheit der Erde!«

Nachdem Du auch hier die Kerze entzündet, den Gegenstand abgelegt und die Bilder empfangen hast, erhebst Du Dich und stellst Dich in die Mitte des Kreises.

Schließe die Augen und spüre, wie die Energien der Elemente auf dem Boden im Kreis um Dich herumtanzen; erst langsam, doch dann immer schneller und schneller, bis ihre Farben schließlich ineinander verschwimmen. Nun siehst Du vor Deinem inneren Auge, wie sich diese bunte Energienflut in Form einer Spirale verengt und Dir so immer näher kommt, bis sie Deine Füße berührt. Sieh, wie die Energie in Deinem Körper aufsteigt, ihn mit einem fröhlich-bunten Wirbel erfüllt und sowohl aus Deinem Kopf in den Himmel als auch aus Deinen Füßen in die Erde austritt. Genieße es einen Moment lang, der Mittelpunkt dieses farbenfrohen Wirbels zu sein und lasse Dich von allen Elementen erfüllen. So fühlt es sich an, wenn die Elemente sich in Dir in Deiner persönlichen Balance befinden, wenn die Umstände passen, Deine Tagesform spitze ist, Du gesund und ausgeglichen bist. Schließlich läßt Du den Strom wieder frei jede Bahn ziehen, die er ziehen möchte, und begibst Dich so aus ihm heraus.

Dieser Ritualvorschlag soll es Dir ermöglichen, die magischen Elemente »aus erster Hand« kennenzulernen, und da Du beim ersten Mal (wie auch bei den folgenden Malen) mit ziemlicher Sicherheit nicht alles erfahren wirst, was es zu erfahren gibt, kannst Du die Zeremonie in dieser Form ruhig öfter ausführen, um Dich sozusagen auf den neuesten Stand zu bringen. Du kannst aber auch immer mal einzelne Elemente näher betrachten oder einfach nur den Energiewirbel genießen, um auf diese Weise das Verhältnis der in Dir vorhandenen Elemente auszugleichen. Die meisten Hexen rufen diese vier Kräfte bei jedem Ritual, denn sie sind der »Treibstoff« der Zauberei - ohne Elemente keine Naturmagie. Dann kannst Du Dir den Meditationsteil allerdings sparen; bitte lediglich vor jeder Kerze ernsthaft und aufrichtig um die Anwesenheit des entsprechenden Elements und entzünde die Flamme.

So, und damit Deine geladenen Gäste am Ende der Feier nicht ratlos in der Gegend herumsitzen, entläßt Du sie am Ende eines jeden Rituals mit freundlichem Dank für ihre Aufmerksamkeit. Zu diesem Zweck gehst Du genau umgekehrt vor, beginnst also im Norden und endest mit dem Osten. Wir finden die folgende Abschiedsformel sehr schön:

> »Wesen des Nordens,
> Geister der Erde,
> wir danken Euch dafür,
> daß ihr hier wart
> und unser Ritual begleitet habt.
> Geht nun, wenn ihr gehen wollt
> und bleibt, wenn ihr bleiben mögt!
> Seid gesegnet!«

Verfahre dann ähnlich mit den anderen drei Elementen.

Einige Hexen sind der Ansicht, daß sich die Elemente im Moment ihrer völligen Balance in uns gegenseitig ausgleichen, so daß sich ihre Eigenschaften zu etwas anderem verbinden können, das unter normalen Umständen nicht in der realen Welt entsteht - nämlich zu jenem feinstofflichen Element, aus dem die Anderswelt besteht. Andere gehen eher davon aus, daß die vier magischen Elemente niemals wirklich getrennt voneinander auftreten, weil jedes Ding, jeder Gedanke, jede Person und jedes Gefühl von jeder dieser vier Kräfte einen Teil enthält, auch wenn vielleicht eine Kraft dominiert. Sie glauben, daß es sich beim auch als Geist oder Äther bezeichneten fünften Element um die Göttlichkeit selbst handelt, welche sich uns in Fom der transpersonalen Liebe und des Lebens selbst offenbart.

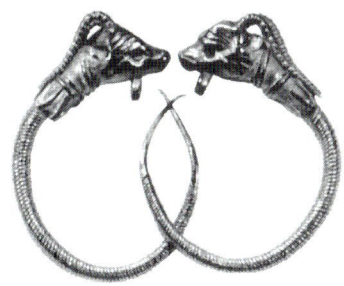

Hexenohrringe

... mit Ziegenköpfen,
griechisch, 4.-5. Jhd. v. Chr.

Wann Magie nicht funktioniert

Magie hat ihre Tücken, und die hat so gut wie jede Hexe schon zu spüren bekommen! Es gibt da ein paar klassische »Versager«, die Ihr kennen solltet, bevor Ihr Euch an die ersten Zauber macht, denn dann könnt Ihr Euch einfach wieder aufrappeln, mit den Schultern zucken und es noch einmal versuchen - nachdem Ihr die mögliche Fehlerquelle gefunden und ausgeschaltet habt.

Der einfache Versager:

Da hat man mühsam alle im Hexenratgeber aufgeführten Zutaten gesammelt, sie auf genau die richtige Weise in genau der vorgesehenen Reihenfolge aufgestellt, dann gesalbt, geweiht, gereinigt und mit genau dem komischen Zeichen aus dem Buch geritzt oder beschriftet, hat exakt die richtigen Worte ausgesprochen und eigentlich auch diese seltsame Geste recht gut hinbekommen, die im Buch extra aus drei verschiedenen Perspektiven dargestellt wurde. Aber passiert ist - nichts. Kein interessanter Liebhaber kam in den nächsten Tagen um die Ecke gefegt, kein warmer Geldsegen füllte die Ebbe im Sparschwein. Das Universum schweigt und beobachtet einen weiterhin gelassen - von Unterstützung keine Spur. Nun, vielleicht waren die genauen Worte, Gesten, Dinge und Ritualanweisungen doch nicht so wichtig (und vor allem wirksam), wie der schlaue Hexenratgeber behauptet hat. Ganz im Gegenteil hat Euch diese ganze Action höchstwahrscheinlich davon abgelenkt, echte Magie ins Ritual zu bringen - das Zeug kann man nämlich nicht aus einem Buch bekommen, sondern muß es selbst aufbauen. Gegenmittel: Probiert es noch einmal, streicht die Hälfte der Zutaten und Handlungen. Hört auf, Euch unter Druck zu setzen und versucht einfach mal, Euren Wunsch ganz genau in Euch drin zu sehen, zu fühlen, zu riechen und was man sonst noch alles damit tun kann. Was will ich eigentlich genau? Wie sehr wünsche ich es mir, wie stark brenne ich vor Verlangen? Naturmagie ist

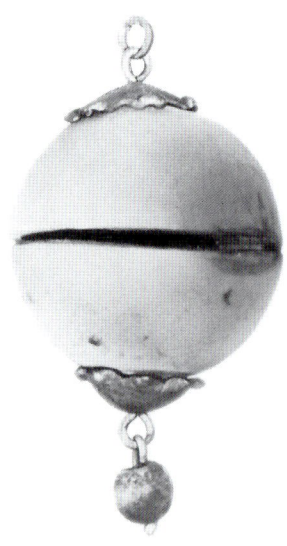

Zauberkugel

... zur Aufbewahrung
von geheimen Dingen,
aus Kirschholz gedrechselt, 17. Jhd.

keine würdevolle, ruhige und distanzierte Angelegenheit, sondern ein ekstatischer Tanz, bei dem viele Schranken fallen. Werdet leidenschaftlich in Eurer Sehnsucht nach dem magischen Ziel, vergeßt die Einzelheiten und seid nur noch Wunsch und Wollen; tief atmen, mächtig wollen und - vor allem - ganz dazu stehen!

»Der falsche Film«:

Eine weitere Variante dieses Versager-Effekts entsteht dann, wenn man nicht das erbeten hat, was man wirklich will. Manche Leute glauben zum Beispiel, sie wären interessanter, wenn sie mehr Geld hätten und versuchen sich deshalb an Geldzaubern. Dabei vergessen sie, daß ihr eigentliches Ziel ja nicht wirklich Geld ist - das stellt nur ein Mittel zum Zweck dar - sondern daß sie in Wahrheit dazugehören möchten, Freunde haben und anerkannt werden wollen. Jetzt hext also der Verstand das eine und das Unterbewußtsein etwas anderes - wenn man Glück hat, passiert durch den Zauber gar nichts; manchmal geschieht aber auch etwas, das eigentlich gar nicht erwünscht war, aber die Bedürfnisse des Unterbewußtseins erfüllt. Dann verliert man bei so einem Zauber vielleicht seinen Job, erhält aber deswegen so viel Hilfe und Unterstützung von seiner Umgebung, daß man zum ersten Mal sieht, wie viele Freunde man eigentlich hat. Magische Kräfte haben ihren Ursprung in ziemlich tiefen Schichten unserer Persönlichkeit, weshalb es bei ihrer Anwendung wichtig ist, sich und seine Wünsche genau zu kennen - vor allem die Wünsche hinter den Wünschen!

Der gut gemeinte Versager:

Hier handelt es sich um eine Variante des einfachen Versagers, die vor allem dann gerne auftaucht, wenn man sich selbst mal auf magischem Wege etwas Gutes zu tun versucht, das man sich aber eigentlich nicht zugesteht. Beispiel: Hexe führt einen Wohlstandszauber durch, um endlich aus den gröbsten finanziellen und häuslichen Schwierigkeiten zu kommen, ist aber tief drinnen und - das ist das Gemeine daran - ohne sich dessen so richtig bewußt zu sein, fest davon überzeugt, daß sie es gar nicht verdient, mal in Saus und Braus zu leben. Und selbst wenn sie auf der Straße über das Jackpot-Los stolpern sollte, würde sie es im Fundbüro abgeben, weil sie nicht glauben kann, daß sie hier vor dem Ergebnis ihres Geldzaubers steht. Gegenmittel: am eigenen Selbstwert arbeiten. Ja, das klingt fies und ist es auch - Tatsache ist aber, daß Magie bei jenen Leuten am wirkungsvollsten ist, die ein gutes Verhältnis zu sich selbst haben und ihre Zauber deshalb nicht ständig mit Zweifeln torpedieren. Das steht in den meisten Magiebüchern nicht drin, weil es die Verkaufszahlen drücken könnte. Wir riskieren das hier und jetzt einfach mal, damit Ihr die Chance habt, wirklich wirksame Magie auszuführen: Das beste Magietraining besteht in jeder Übung, jeder Sache und jeder

Handlung, die Euch das ehrliche Gefühl gibt, eigentlich total in Ordnung zu sein. Wir meinen hier nicht so ein oberflächliches »Ey-bin-ich-cool«-Gehabe, sondern ein Gefühl, das auch dann noch anhält, wenn Ihr mit Euch alleine seid und mal ganz unbeobachtet in den Spiegel schaut. Etwas, das aus Euch selbst heraus entsteht und für das Ihr keine weiteren Bewunderer braucht - auch wenn die sich dann durchaus einstellen, weil sie Eure echte, innere Kraft spüren können. Auch das gehört zu den Formen der Magie!

Solltet Ihr also während eines Zaubers, mit dem Ihr irgend etwas für Euch selbst erreichen wollt, Gedanken wie »das klappt doch eh niemals«, »das schaffe ich nie« oder »ausgerechnet ich soll das bekommen?« haben, schaut Euch näher an, was hinter diesen kurz aufblitzenden Selbstbewertungen steckt. Fragt Euch - gerne im Ritual, das verstärkt die Wirkung und verändert auch Euch auf magische Weise höchst positiv und machtvoll! - warum das denn nicht klappen sollte und verfolgt die sich dann vor Euch ausbreitende Gedankenkette genau. Prüft die Argumente auf ihre Wirklichkeit und macht Euch klar, daß das meiste davon einfach nicht wahr ist. Wie oft schimpft man sich innerlich einen Idioten? Damit belügen wir uns nicht nur selbst, sondern zerstören auch jede Basis für genau den Selbstwert, den wir für erfolgreiche Magie unbedingt brauchen. Achtet auch auf verallgemeinernde Aussagen wie »ich kriege nie etwas fertig« oder »ich bin völlig unfähig«, denn auch die sind nicht wahr. Ja, einige Sachen habe ich vielleicht nicht beendet - aber andere dafür durchaus, womit bewiesen wäre, daß ich sehr wohl in der Lage bin, gewisse Dinge zu Ende zu bringen, wenn es mir das wert ist. Wie oft nennen wir uns täglich einen Trottel? Und dabei soll echter Selbstwert entstehen - oder gar magische Kräfte?

Magie statt Leben:

Viele am Hexenkult interessierte Menschen suchen hier eine schnelle Lösung ihrer Probleme, die ihnen die eigentliche Arbeit abnimmt. Und wenn das nicht klappt, wird gerne der Verfasser des Hexenratgebers verantwortlich gemacht, weil der ja ein nicht funktionierendes Rezept veröffentlicht hat. Darüber hinaus ist Kreativität bei magischen Anweisungen offensichtlich nicht gefragt - die meisten Leute wollen eine möglichst genaue Anleitung haben, die jedes Viertelgramm an Kräuterzutaten enthält. Dann wissen sie nach dem Scheitern des Zaubers wenigstens, daß es nicht an ihnen lag. Leider gibt es in der Magie aber keine Garantieleistungen. Wenn Eure Magie funktionieren soll, müßt Ihr sie auf Euch zuschneiden, denn jeder Mensch braucht sein eigenes Zauberritual. Was Ihr in den meisten Büchern findet, kann daher nur ein grober Leitfaden sein, den Ihr ausprobieren könnt, um ihn dann solange zu verändern, bis er zu Euch paßt. Und selbst dann hat noch niemand nur vom Hexen eine Lehrstelle bekommen - es ist schon nötig, danach

die Stellenanzeigen durchzuforsten, zum Arbeitsamt zu gehen oder Vorstellungsgespräche zu absolvieren. Auf diese Weise holt man die Resultate eines erfolgreichen Zaubers ab; wenn Ihr sie allerdings da draußen liegen laßt, ist dafür niemand außer Euch selbst verantwortlich.

Der magische Rohrkrepierer:

In der klassischen Form handelt es sich hier um einen Liebeszauber, der damit endet, daß sich das Objekt der Begierde nach wie vor keinen Deut um einen schert, während man selbst allerdings nicht mehr aufhören kann, an diese Person zu denken, ständig von ihr hört und ihr dauernd über den Weg läuft, auch wenn es einen schon längst komplett nervt. Tritt auch bei anderen Zauberarten gerne dann auf, wenn ein anderer Mensch auf magische Weise gegen seinen Willen beeinflußt werden soll. Gegenmittel: Laßt den Blödsinn. Wer will schon mit einem Zombie zusammen sein, der keinen eigenen Willen mehr hat? Eine leichtere Form des Rohrkrepierers kann auch bei Zaubern auftreten, die sich nicht auf bzw. gegen andere Menschen richten und stellt meistens eine Variante des nächsten magischen Versagers dar, des

»Huch-so-habe-ich-das-aber-nicht-gemeint«-Effekts.

Auch so ein klassischer Fall: Hexe will eigentlich nur auf magische Weise ihre Urlaubskasse aufbessern und schickt deshalb einen kleinen Geldzauber in den Äther. Kurz darauf wird sie in einen Unfall verwickelt und erhält deshalb ein halbes Jahr nach dem Urlaub vom Gericht dreihundert Euro Schmerzensgeld zugesprochen. Ganz toll. Gegenmittel: Sprecht deutlicher! »Ich will dreihundert Euro haben« läßt einfach zu viele Möglichkeiten bezüglich des Wie offen. Beschreibt in Euren Zaubern ganz genau, was Ihr wollt und fügt sicherheitshalber eine Schutzformel hinzu (wie zum Beispiel »Es möge geschehen und niemandem schaden« oder »es möge geschehen und allen dabei nur Gutes bringen«). Gemein formuliert bedeutet das: Die Haftung liegt immer beim Antragsteller.

Der magische Fliegenfänger:

Diese Zauber sind sehr, sehr klebrig - und das meist völlig unerwünscht. Irgendwann vor vielen Jahren einmal habt Ihr in leichtfertigem Überschwang einen Kobold gerufen - und der läuft Euch immer noch hinterher, was Ihr vor allem daran merkt, daß ständig Eure Schnürsenkel zusammengebunden sind. Oder Ihr wolltet einen Geldzauber machen, der nach hinten losgegangen ist - und jetzt läßt Euch das finanzielle Pech nicht mehr aus den Fängen. Eine Freundin von uns fuhr lange Zeit einen Kleinbus, für den sie in der Großstadt nie einen Parkplatz fand. Also machte sie einen Parkplatzzauber, der ihr immer zwei hintereinander liegende Parkplätze garantierte - auf diese Weise konnte sie ihr Riesenmobil auch mal abstellen und einkaufen gehen. Mittlerweile hat sie das lila Monster an eine Emanze verkauft und fährt einen Kleinwagen, aber noch immer schafft sie es einfach nicht, nur einen einzigen Parkplatz zu erhexen; wann immer sie die Formel ausspricht, nehmen die Autos scheinbar reihenweise vor ihr Reißaus. Gegenmittel: Den unerwünschten Zauber so gut wie möglich rekonstruieren und auf einen Zettel schreiben, dann im Ritual rückwärts ausführen und den Zettel verbrennen. Oder Ihr schafft einen Gegenzauber, der dem ersten inhaltlich deutlich widerspricht, und führt diesen vorwärts aus.

Magischer Größenwahn:

Mal eben versucht, magisch den Weltfrieden herbeizuführen - aber stattdessen streiten sich jetzt alle in der Familie? Oder das Ergebnis der Matheklausur zu manipulieren - und zwar *nachdem* sie schon geschrieben war? Wir wollen nicht sagen, das sei unmöglich; allerdings erfordert es ein derart hohes Maß an magischer Energie sowie Fähigkeiten, daß es der Mühe kaum wert ist. Ein solcher Erfolg wäre vergleichbar mit dem Versuch, die Außenwand eines Hochhauses mit alpinem Kletterzeug zu ersteigen, obwohl es einen Aufzug hat. Das bedeutet keineswegs, Magie sei in Bezug auf Mathearbeiten wertlos, sondern nur, daß sie sinnvoll eingesetzt werden sollte. Wenn Euch die ewig lange Lernerei vorher auf die Nerven geht, könnt Ihr zum Beispiel einen Zauber wirken, der Euch das Zeug leichter aufnehmen läßt und die Büffelei so verkürzt. Wenn Ihr das Ganze nun noch mit einem kleinen Glückszauber für den Tag der Klausur selbst würzt, kann schon fast nichts mehr schiefgehen! Jetzt braucht Ihr Euch nur noch hinzusetzen und zu lernen (schließlich wollt Ihr ja keinen Magie-statt-Leben-Versager riskieren!).

Zauber zur Vorbereitung einer Pruefung

Ritual

Dieser Zauber wirkt am besten, wenn er in der Zeit des zunehmenden Mondes ausgeführt wird, weil mit dem Mond auch Euer Wissen wachsen soll. Da Lernen, Konzentration und Wissen meist dem Element Luft zugeordnet werden, vollziehst Du das Ritual idealerweise morgens an acht aufeinanderfolgenden Tagen. Ein Ritual beginnt übrigens nicht erst, wenn der Kreis gezogen ist, sondern bereits bei der Vorbereitung. Sei Dir also schon beim Zusammenstellen der benötigten Zutaten bewußt, wofür Du sie verwenden willst und versuche, eine aufmerksam-freundliche und konzentrierte Haltung einzunehmen.

Suche Dir ein violettes Tuch, das Du über den Platz breitest, an welchem Du den Zauber ausführen willst. Stelle eine violette sowie eine weiße Kerze darauf und entzünde eine Räucherung, die Du aus etwas Fenchelsamen, Lavendelblüten, Oregano, Pfefferminze, Salbei, Koriander und Majoran gemischt hast (Du brauchst nicht alle Kräuter, vier oder fünf genügen). All diese Farben und Kräuter werden mit Wissen, Konzentration und Weisheit in Verbindung gebracht.

Fülle nun einen Kelch oder ein hübsches Glas mit rotem Traubensaft. Stelle den Kelch nun auf das Tuch - was hier gerade entsteht, ist ein voll funktionsfähiger Altar! Dazu legst Du noch drei Haselnüsse, wenn möglich in der Schale und idealerweise selbstgepflückt. Wenn nicht, ist es auch kein Drama. Auch ein Dolch sollte dabei sein - wenn Du noch keinen hast, kannst Du auch ein Küchenmesser verwenden. Nun brauchst Du nur noch etwas Lavendel-, Pfefferminz- oder Salbeiöl. Achte immer darauf, daß die Öle hundertprozentig rein sind, weil sie sonst schlicht und einfach nicht wirken. Aromaöle solcher Qualität erhältst Du am ehesten in einem Geschäft für Naturkosmetik.

Ziehe nun einen magischen Kreis um Dich und Deinen Altar (im nächsten Kapitel steht, wie das geht), rufe die vier Elemente und beschwöre die Kraft. Nimm dann die weiße Kerze in die Hand und hebe sie ein wenig hoch, während Du mit Deinen eigenen Worten die Göttin Athene oder den Gott Merkur rufst, Dein Anliegen erklärst und um die Hilfe der Gottheit dabei bittest. Das kann in etwa so klingen:

Richtig Räuchern

Brenne Räuchermischungen bitte nur auf eigens dafür hergestellten Kohlen ab, die Du in einer kleinen Keramikschale auf eine Sandschicht gelegt hast! Räucherkohle kann man in Esoterikläden, Naturkosmetik-Instituten, Devotionalien-Geschäften und im Internet erhalten.

teen 82 witch

»Weise Athene,
die du das Wissen und seine Anwendung
beherrschst wie keine andere,
ich bitte Dich,
komme heute zu mir und hilf mir
bei der Vorbereitung dieser Prüfung,
die ich in zwei Wochen
zu bestehen habe.
Hilf mir dabei, alles, was ich wissen muß,
leicht und mühelos aufzunehmen
und es dann, wenn danach gefragt wird,
ebenso mühelos anwenden zu können.«

Pallas Athene
Gemälde von Gustav Klimt, 1898.

Entzünde die weiße Kerze, stelle sie zurück auf den Altar und hebe den
Kelch hoch. Halte ihn so, daß Du über seinen Rand hinweg die
Flamme der weißen Kerze sehen kannst und stelle Dir vor, wie die
Flüssigkeit im Kelch vom Licht des Wissens und der Weisheit erfüllt
wird. Dann führst Du den Kelch an Deine Lippen, um einen Schluck
daraus zu trinken. Nimm nun die violette Kerze und ritze ganz bewußt
mit dem Dolch eine kurze, knappe und unmißverständliche Fassung
Deines Anliegens in das Wachs hinein. Das kann zum Beispiel so
lauten:

»Ich werde mich für die Prüfung am (Datum)
mühelos gut vorbereiten
und sie mühelos bestehen.«

Danach reibst Du die violette Kerze mit dem ätherischen Öl ein und stellst
sie zurück, um sie anzuzünden. Achte immer auf einen festen,
sicheren Stand der Kerze und sorge dafür, daß sie auf einem nicht
brennbaren Untergrund steht.
Nimm nun die drei Haselnüsse und gib z.B. mit einem Löffelstiel (damit
der Altar danach nicht wie nach einem Gelage aussieht) auf jede einen

Ritual

Tropfen der Flüssigkeit im Kelch. Danach schließt Du Deine rechte Hand um die Haselnüsse - Linkshänder nehmen entsprechend die linke. Setze Dich bequem vor Deinen Altar, sieh in die Flamme der violetten Kerze und stelle Dir dabei vor, wie Du an Deinem Schreibtisch sitzt und der ganze Kram so einfach in Deinen Kopf flutscht, daß es eine reine Freude ist! Gehe richtig in dieser Vorstellung auf, und steigere Dich in dieses befriedigende Gefühl hinein. Wenn Dich der Anblick der Kerzenflamme zu sehr davon ablenkt, solltest Du die Augen schließen. Falls Dir dabei schwindelig wird, stelle Deinen Blick auf einen Zierstein oder die gefüllte Schale ein. Nach einer Weile hast Du das Bild von Dir und Deiner steilen Lernkarriere ganz deutlich in Dir aufgebaut; atme nun ein, öffne dann die Augen und sende es gleichzeitig durch Deine Augen hindurch mit einem tiefen Ausatmen in die violette Kerze hinein. Bitte nicht aus Versehen auspusten, dann kannst Du gerade noch einmal von vorne beginnen!

Als nächstes stellst Du Dir auf dieselbe Weise vor, wie Du in der Prüfung sitzt und Dein Stift nur so über das Papier tanzt. Du hast keinerlei Probleme mit der Beantwortung aller Fragen, und auch in einem etwaigen mündlichen Teil bist Du einfach brilliant. Der Lernstoff sitzt sicher, Du rufst ihn nur noch ab, und das war's schon. Nachdem Du diese Vorstellung ganz, ganz intensiv vor Deinem inneren Auge erschaffen hast, sendest Du sie auf dieselbe Weise in die violette Kerze wie die vorherige.

Öffne nun die Hand mit den Haselnüssen, so daß sie nebeneinander auf Deiner flachen Hand liegen. Nimm die violette Kerze und gib auf jede Haselnuß einen Tropfen Wachs, während Du deutlich und entschlossen sagst:

»So sei es!«

Gib die Nüsse nun in ein kleines, möglichst violettes Beutelchen. Du kannst solche Beutel durchaus selbst aus einem Stoffrest nähen; sie müssen nicht unbedingt toll aussehen. In diesem Fall sollte es sich dabei aber keinesfalls um Seide handeln, denn dieser Stoff isoliert feinstoffliche Energien, während Du ja von der magischen Kraft der Nüsse profitieren willst. Seide verwendet man immer dann, wenn es etwas abzuschirmen gilt - zum Beispiel ein Tarotdeck, das nur Deine Energien und sonst nichts aufnehmen soll.

Bedanke Dich nun bei der von Dir gerufenen Gottheit und auch bei den Elementen, die Du jetzt verabschiedest. Dann öffnest Du den Kreis.

Hexenamulett
Schneckenförmiges Silberdöschen,
18. Jhd.

Teen 84 witch

Trage das Beutelchen von nun an ständig bei Dir, wenn Du lernst, und nimm es auch mit in die Prüfung. Du kannst es unter der Kleidung tragen, damit es niemand sieht - tatsächlich wirkt es sogar besser, wenn es Deine Haut berührt. Auf diese Weise können seine Schwingungen ungehindert in Dich hineinfließen, und der Kontakt erinnert Dich auch immer wieder an Deine magischen Ziele, die Du auf diese Weise erneut verstärkst.

Nimm den Kelch mit, wenn Du den Altar verläßt, um den Saft auf ein Stück natürlichen Erdboden zu gießen. Falls sich so etwas nicht direkt vor Deiner Haustür befindet (ein Rasen, ein Blumenbeet oder auch der Boden zu Füßen eines Großstadtbaums tun es bereits), kannst Du bei einem Naturausflug für solche Zwecke einfach etwas Erde mitbringen, die Du in einen Topf gibst und nach Abschluß der acht Rituale wieder in die Landschaft zurück bringst. Natürlich wird der Kelch für jede der acht Zeremonien mit frischer Flüssigkeit gefüllt - acht Tage alter Traubensaft hat seltsame Angewohnheiten, die wir uns lieber nicht zu eigen machen wollen ...

Bei den folgenden sieben Wiederholungen des Rituals ziehst Du den Kreis, rufst die Elemente und dann vor dem Entzünden der weißen Kerze die von Dir gewählte Gottheit. Danach lädst Du die Flüssigkeit im Kelch, nimmst einen Schluck davon und entzündest die violette Kerze. Nimm nun die Haselnüsse aus dem Beutelchen und gib einen Tropfen Rotwein bzw. Traubensaft auf jede. Stelle Dir erneut sowohl Lern- als auch Prüfungssituation wie von Dir gewünscht vor, und sende sie wie beschrieben in die violette Kerze. Wieder gibst Du danach einen Tropfen Wachs auf jede der Haselnüsse, bevor Du sie wieder in den Beutel legst, Dich bei der Gottheit sowie den Elementen bedankst und den Kreis öffnest. So wird der Zauber von Mal zu Mal kraftvoller. Wenn Du nun während des Lernens (bedenke: Der Zauber funktioniert nicht, wenn Du statt dessen Fußball spielst) dasselbe Öl in einer Aromalampe verdampfst, das Du auch für den Zauber verwendet hast, schaffst Du eine Brücke vom Ritual zum Alltag, über welche die Magie gehen kann, um sich dann in Deinem Leben an die Arbeit zu machen!

Übrigens: Warum betonen wir immer wieder eine freundlich-konzentrierte Haltung in den Ritualen? Nun, eine freundliche, aber gesammelte innere Haltung fördert einfach die Öffnung für die eigene Magie. Da Körper und Seele eine Einheit bilden, wirkt die eine Seite auch auf die andere ein; diese Erkenntnis bewußt anzuwenden ist Teil der Magie.

Ritual

Viel Lärm um nichts

Schon mal einen Hexenkreis gesehen, der zur Sommersonnenwende ins Grüne hinauszieht? Meistens stellt sich das ungefähr so dar: Etwa acht Leute, die in lange, wallende Gewänder gekleidet sind und große Mengen hochmagischen Schmucks tragen, packen in zwei Autos vier Trommeln, zwei Kelche, acht Stäbe, drei Gehstäbe, acht Dolche, fünf Schwerter (eigentlich braucht ein Kreis maximal eines, aber man hat sich mal wieder nicht darauf einigen können, welches), bei den Ásatruar kommen noch diverse Streitäxte hinzu, acht Schlafsäcke, ein Bündel Fackeln (die dazugehörigen Streichhölzer werden in etwa vierzig Prozent aller Fälle vergessen), zwei kleine Rucksäcke mit Picknickutensilien, diverse Felle, ein bis zwei Tierschädel, einen riesigen Bergkristall und einen nur unwesentlich kleineren Amethyst, einen Laib Brot, eine Flasche Wein oder Traubensaft, eine Räucherschale samt Kohle und Räucherung, ein mit Meersalz gefülltes Gefäß, eine Vogelschwinge, im Durchschnitt zwei Hunde und etwa ebenso viele Kleinkinder. Nach der meist um ein bis zwei Stunden verspäteten Abfahrt kümmern sich die bereits an Kummer gewöhnten Nachbarn um das Tarotdeck und die zwei Taschenmesser, welche versehens auf dem Gehsteig zurückgelassen wurden. Dann sind die Mitglieder des Hexencovens allerdings bereits am Ritualort angekommen und schimpfen wegen der etwa siebenundzwanzig Dinge, die man angeblich noch zusätzlich benötigt, aber leider Zuhause vergessen habe.

Keine Sorge, wir fangen alle mit zwei, drei Dingen an und geraten dann in die Schwelgphase, in der wir nicht genug magische Gegenstände besitzen können. Und je nach Veranlagung und Leidenschaft legt sich das wieder - oder eben nicht. Doch die Anzahl der magischen Besitztümer sagt nichts über den *Wert* einer Hexe aus. Im Gegenteil: Taten, Charakter und Menschlichkeit - darauf kommt es an!

Hexenläden

... sind eine ursprünglich amerikanische Einrichtung, die sich mittlweile jedoch auch in europäischen Großstädten immer öfter finden läßt. Darüber hinaus ist eine zunehmende Zahl derartiger Ausstatter im Internet zu finden. Wenn man sieht, was die alles anbieten, kann leicht der Eindruck entstehen, vor der durchschnittlichen Hexenkarriere läge erst einmal der Lottogewinn. Und manche Hexen tun nicht gerade viel, um diesen Verdacht zu entkräften ...

Der Dolch

Als Dolch bezeichnet man ein Messer, das zwei scharfe Klingenseiten hat. Im traditionellen Wicca-Kult symbolisiert der Dolch das Element Luft und kommt immer dann zum Einsatz, wenn es darum geht, etwas zu analysieren, zu planen, aber auch voneinander zu trennen oder zu beenden. Darüber hinaus ziehen viele Hexen den Kreis um ihren Ritualort mit diesem Werkzeug. Aber ... erstens ist ein Dolch praktisch zu wenig mehr nütze als zu militätischen Zwecken, weswegen er - zweitens - unter die strengen Regelungen des deutschen Waffengesetzes fällt. So ist Minderjährigen sowohl Erwerb als auch Nutzung von Dolchen verboten und selbst für Erwachsene gelten harte Vorschriften. Drittens ist der Umgang mit Dolchen äußerst gefährlich, auch kann man damit - viertens - noch nicht mal einen Apfel schälen.

Das von bayrischen Kräuterweiblein traditionell verwendete sog. Gamskricklmesser zeigt jedoch sehr deutlich, wie schön selbst kleinste Arbeitsmesser gestaltet sein können. Eine kurze, einseitig geschliffene Klinge, eventuell sogar zum Einklappen, mit einem Griff aus Metall, Holz oder gar Horn. Das ist das richtige Hexen-Newbie-Messer - ästhetisch, billig und zu tausend Dingen nützlich! Solche Messer kann man in Jagd- und Anglergeschäften oder in einem Trekkingladen kaufen.

Gamskricklmesser

... oder auch Trudenmesser genannt. Gemsenhorn mit Beinintarsien. Auf der Klinge sind neun Monde und neun Kreuze eingraviert. Um 1883.

Der (Zauber-)Stab

Dieses Werkzeug ist dem Element Feuer gewidmet und wird selbst hergestellt. Eigentlich und ursprünglich gilt das für alle magischen Gerätschaften, aber da heutzutage nur wenige Leute an eine Schmiede kommen und selbst wenn, kaum wissen, wie man in selbiger einen Dolch herstellt, darf auch gekauft werden. Der Stab läßt sich jedoch recht einfach selbst anfertigen. Üblicherweise wird für den Stab ein fester Zweig eines Baums verwendet, zu dem man in besonderer Beziehung steht. Das kann ein Baum sein, den man seit langem regelmäßig besucht oder einer, den man als Kind oft aufgesucht hat. Die Länge des Stabes sollte der Strecke vom Ellbogen bis zur Spitze des Mittelfingers entsprechen. Nachdem Ihr ihn geschnitten habt, könnt Ihr ihn auf jede Weise bearbeiten, die Euch passend und wichtig erscheint. Viele Hexen ritzen Runen oder andere magische Zeichen hinein und färben diese Ritzungen dann mit roter Farbe nach. Auch Edelsteine werden gerne verwendet; der klassische Wicca-Stab zum Beispiel hat eine Bergkristallspitze am einen und eine Amethystspitze am anderen Ende.

Zauberstab

... z.B. aus der Hexen-Kollektion der Firma Berk.

Teen 88 witch

Einen Stab schneiden

Suche Dir einen Baum aus, von dem Du einen Stab haben möchtest und betrachte den Baum genau. Lasse Dich im inneren Gespräch zu einem bestimmten Zweig leiten, der für Dich geeignet ist und markiere diesen mit einem breiten, weißen Band. Gehe dann fort, und kehre in der nächsten Vollmondnacht zurück, besser einen Tag später, da bei abnehmendem Mond die Pflanzensäfte ruhen und der Baum nicht allzu sehr verletzt wird.

Wende Dich nun an den Baum und begrüße ihn. Berühre den von Dir markierten Ast und bitte den Baum darum, ihn Dir zu geben. Erkläre ihm, warum Du den Zweig brauchst und wofür genau Du ihn verwenden möchtest. Bitte um die Erlaubnis des Baums, ihn zu nehmen. Lausche dann in Dich wie auch in den Baum hinein und versuche, die Antwort zu erfassen. Erfüllt Dich plötzliche Freude? *Nicken Dir die Äste des Baums mit einem Mal zu?* Hast Du ein gutes, leichtes Gefühl, oder zwitschert auf einmal ein später Vogel in den Blättern über Dir? Dann kannst Du den Zweig bedenkenlos nehmen. *Sollte jedoch ein starkes, wütendes Rauschen durch die Baumkrone gehen* oder solltest Du eine deutliche Sperre in Dir spüren, hast Du entweder den falschen Baum oder die falsche Zeit erwischt. Der Baum wird Dir auf Anfrage wahrscheinlich sagen, was los ist. Bitte sei unbedingt ehrlich, auch wenn Du dieses Mal nicht das bekommst, was Du gerne hättest.

Falls Du eine bejahende Antwort bekommen hast, schneide den Zweig schnell und glatt. Lege dann Deine Hand auf die Schnittstelle, verbinde Dich mit der Erde und sieh, wie deren goldene, heilende Kraft zu Dir hinauf steigt, um in Dich einzudringen und durch Dich hindurch bis in Deine Hand zu fließen, von wo sie in die Schnittstelle übergeht und diese versiegelt.

Bedanke Dich nun beim Baum, indem Du ihm etwas von Dir gibst. Einige Traditionen schreiben da einen Tropfen des eigenen Bluts vor, wobei der *eine* Tropfen wörtlich zu verstehen ist. Du brauchst hier keine Blutspende zu leisten, sondern es geht darum, etwas aus Deinem Leben für Lebendiges vom Baum zu geben. Manche Hexen geben etwas von ihrer Spucke und legen einen kleinen Edelstein oder etwas anderes hinzu, das ihnen passend erscheint.

Auf dieselbe höfliche Art kann man auch Zweige für Körbchen, Traumfänger, Pentagramme oder Osterstäucher, Ruten oder anderes magisches Zubehör erhalten.

Ritual

Den Kreis ziehen

Beim Ziehen des magischen Kreises geht es im wesentlichen um drei Dinge. Erstens wird auf diese Weise ein Stück Erde (oder Schlafzimmer - wo immer Du gerade hext) aus der Alltagswirklichkeit herausgehoben. Es wird zu einem heiligen Raum zwischen den Welten, also zwischen unserer normalen, alltäglichen Welt und der feinstofflichen hinter der unseren, gemacht. Du schaffst also einen heiligen Bezirk magischer Kraft.

Zweitens dient der Kreis als Schutz, denn da kann nur hereinspazieren, was oder wen Du höchstpersönlich eingeladen hast. Magie wirkt seelenöffnend, und der Kreis funktioniert ein bißchen wie ein elektrisch geladener Weidezaun - nur das andere(s) draußen gehalten werden sollen, während Du ihn jederzeit verlassen kannst.

Drittens schließlich stellt der Kreis einen Kessel dar, in dem sich die von Dir beschworene magische Kraft sammeln kann. Wäre er nicht da, bestünde die große Gefahr, daß all Deine magische Energie wie Wasser aus einem gesprungenen Krug einfach so im Boden versickert! Damit Du diesen von Dir geschaffenen »magischen Krug« nicht selbst zum Springen bringst, solltest Du nach dem Schließen des Kreises dessen Linie bis zum Ende des Rituals nicht mehr übertreten - die richtige Zeit, um noch mal schnell aufs Klo zu gehen oder den Kühlschrank zu überfallen ist also besser vor Beginn eines Rituals. Falls es sich nicht umgehen läßt, den Kreis mittendrin zu verlassen, öffnest Du mit Deiner Vorstellungskraft einfach ein Tor darin, das Du nach dem Übertreten der Kreislinie hinter Dir wieder verschließt. Kleine Kinder und Haustiere können die Kreislinie interessanterweise überschreiten, ohne den Kreis zu beschädigen - das liegt unserer Ansicht nach daran, daß wir uns von ihnen nicht gestört fühlen und sie viel »natürlicher« mit diesem Thema umgehen.

Einen Kreis zu ziehen ist ganz einfach, und es gibt mehrere Möglichkeiten.

1. Die Fluß-Variante. Nimm Deinen Dolch - manche Hexen verwenden auch das Schwert oder den Stab - und stelle Dich aufrecht mit dem Gesicht in Richtung Osten hin. Stelle Dir vor, wie die Kraft der Erde aus den Tiefen unter Dir aufsteigt, durch Deine Füße in Deinen Körper eindringt, in Dir emporwächst und sich schließlich in Deine Arme ergießt. Von dort aus fließt sie in die Hand, die den Dolch hält (das kann auch beidhändig geschehen) und schließlich in Dein Werkzeug hinein. Aus dessen Spitze ergießt Du sie wieder in die Erde - und zwar an genau die Stelle, wo die Kreislinie verlaufen soll. Da heißt es zielen! Bewege Dich nun langsam an der Kreislinie (aber immer im Inneren

Magie Training

des vorgestellten Kreises) entlang und sieh dabei ständig vor Deinem inneren Auge, wie sich weiterhin Energie aus der Erde über Deinen Leib und den Dolch in diese Linie ergießt. Tue das sehr konzentriert und versuche, dabei möglichst an nichts anderes zu denken. Das Ganze machst Du im Uhrzeigersinn - also von Osten über Süden in den Westen und den Norden bis wieder in den Osten. Diese Kreis-richtung wird »mit dem Sonnenlauf« genannt. Wenn Du wieder am Startpunkt angekommen bist, kannst Du die Linie sicherheitshalber ein wenig überlappen lassen, damit zu auch wirklich zu ist. Löse dann den Dolch von der Linie, drehe Dich um und sage laut und deutlich (nicht brüllen, aber bestimmt und überzeugt darfst Du schon klingen):

»Der Kreis ist geschlossen.
Das Ritual beginnt.«

Vielleicht findest Du eine andere, für Dich schönere Formel, die aber immer die Aussage »der Kreis ist geschlossen« enthalten sollte.

2. Die Aufstiegs-Variante. Sie sieht äußerlich genauso aus wie die erste, funktioniert aber innerlich völlig anders. Daran kann man gut sehen, wie wichtig es ist, äußere Handlungen mit magischer Kraft zu erfüllen, wenn ein Zauber funktionieren soll! Hier stellt sich die im Kreis gehende Hexe vor, mit dem Dolch, dem Stab oder was auch immer den Boden zu öffnen, aus welchem nun im Kreis um sie herum eine Energiewand aufsteigt.

3. Die Segnungs-Variante. Diese Variante ist wunderschön, aber umstritten. Hier nimmt die Hohepriesterin den Kelch in beide Hände, erhebt ihn zum Mond (tagsüber zu Himmel und Erde) und stellt sich vor, wie die Kraft der großen Göttin aus der Erde in sie und von dort aus in den Kelch fließt. Dann geht sie mit auf Herzhöhe vor sich gehaltenem Kelch die Kreislinie entlang und stellt sich dabei vor, wie sich die Kraft der Göttin aus dem überfließenden Kelch auf die Erde ergießt und dort den Energiekreis bildet. Solche Kreise werden meist mit der Macht der Liebe gezogen. Voraussetzung für diese Technik ist eine innere Haltung der Liebe und Demut.

Beinahe jeder einmal gezogene Kreis wird am Ende des Rituals wieder aufgelöst; das gilt vor allem dann, wenn Du an öffentlich zugängli-chen Orten gearbeitet hast. Niemand von uns hat das Recht, Kreise in Wäldern, auf Wiesen oder sogar an ehemaligen heidnischen Kult-plätzen einfach so stehen zu lassen, denn Deine Art der Energie mag für Dich gut, für einen anderen aber eine Überforderung und daher

Magie
Training

Magie Training

schädlich sein. Eine Ausnahme bildet ein Kreis, den Du um Deinen persönlichen Altar gelegt hast sowie Schutzkreise, die Du zum Beispiel um Dein Haus ziehen kannst. Viele Hexen tun das und sorgen auf diese Weise dafür, daß weitaus weniger Übel und Unglück in ihr Heim einkehrt. Diese Kreise werden im Prinzip genau so wie ein Ritualkreis gezogen, allerdings mit der Absicht, alles durchzulassen, was uns fördert, unterstützt und Gutes tut - auch wenn uns das nicht immer sofort klar ist. So kann manche Entwicklung, die Dich zunächst zu Einschränkungen auffordert, sich später als hilfreich erweisen. Solche Schutzkreise werden auch mit einer Formel gezogen, die beinhaltet, daß nur Schlechtes, Hemmendes und für uns Negatives den Kreis nicht überschreiten darf, aber fördernde, hilfreiche und unterstützende Einflüsse jederzeit willkommen sind. Prinzipiell also ist alles willkommen, was uns auf die eine oder andere Weise weiterbringt, auch wenn wir dessen Sinn zunächst vielleicht nicht erkennen können.

4. Die Auflösung des Kreises: Drehe das Ritual des Ziehens um, um einen Kreis aufzulösen. Beginne demzufolge im Norden und bewege Dich diesmal gegen den Uhrzeigersinn, also gegen die Sonnenrichtung. Richte Deinen Dolch dabei auf die Linie und stelle Dir vor, wie diese im Boden versinkt. Die anderen Arten werden entsprechend umgekehrt aufgelöst. Nachdem Du wieder am Ausgangspunkt angekommen bist, wende Dich um und sage:

»Der Kreis ist offen, aber ungebrochen.
Seid gesegnet!«

Diese Formel wird häufig verwendet und wir persönlich finden sie sehr
schön. Sie bezieht sich darauf, daß eine Person oder eine Gemeinschaft
von Menschen miteinander ein Ritual gefeiert haben und so nur der
Ritualkreis, aber nicht jener, den sie selbst bilden, aufgelöst wurde.
Eine andere Ebene dieser Formel verweist jedoch auf den ewigen und
heiligen Kreislauf des Lebens, weshalb sie auch gerne von Hexen
verwendet wird, die alleine arbeiten.

Das Pentakel

Hinter diesem seltsamen Namen verbirgt sich der ebenso seltsame Stellvertreter für das Erdelement: eine kleine Holz-, Stein- oder Tonscheibe, auf die ein Pentagramm (ein fünfzackiger Stern) geritzt oder gemalt wurde. Dabei handelt es sich beim Pentagramm um ein relativ junges Symbol - zumindest, wenn man seine Tradition mit jener der Wurzeln europäischer Naturreligionen vergleicht. Im ganzen Schatz keltischer Darstellungen ist jedenfalls kein einziger Fünfstern überliefert. Deshalb ziehen es manche Hexen vor, einfach einen schönen, schlichten Stein zu verwenden, den sie auf einer Wanderung gefunden haben oder der ihnen auf andere Weise als bedeutsam ins Auge gefallen ist.

Vielleicht ist Euch schon aufgefallen, daß viele Hexen ein Pentagramm aus Silber an einer Kette um den Hals tragen; damit berufen sie sich eher auf die mittelalterlich-magische Tradition als auf deren naturreligiöse Vorläufer. Das macht jedoch durchaus Sinn, wenn man weiß, daß die Wicca-Tradition ihre Ritualistik oft an eben diese mittelalterliche Zeremonialmagie anlehnt.

Da Satanisten gerne das umgekehrte Pentagramm verwenden, hat dieses alte Schutzsymbol heute einen unheiligen Beigeschmack erhalten. Der Fünfstern selbst kann für all das überhaupt nichts und ist deswegen so neutral wie jede andere Sache auch, ob sie nun auf den Kopf gestellt wird oder nicht. In der sogenannten aufrechten Form (zwei Zacken weisen nach unten, eine mittig zentrierte nach oben) symbolisiert er den Menschen im Kreis seiner Welt. Je nach Tradition stehen die fünf Zacken für verschiedene Erscheinungsformen der Göttin, unterschiedliche Lebensphasen des Menschen, für die ersten fünf feinstofflichen Körper, die astralen Welten oder was immer man auf solche Weise aufteilen kann.

Der Kelch

Er symbolisiert das Element Wasser und steht für das Weibliche sowie die Göttin. Aus dem Kelch werden Trankopfer auf die Erde gegossen, aber er wird auch im Kreis herumgereicht, um auf diese Weise alle Kreismitglieder miteinander zu verbinden. Darüber hinaus steht der Schluck aus dem Kelch auch für die Vereinigung mit der Göttin. Als Kelch eignet sich prinzipiell alles vom Zahnputzbecher bis zum Kristallglas, allerdings macht es vielen Hexen einfach mehr Spaß, mit einem Werkzeug zu arbeiten, das schön aussieht oder auch eine persönliche Bedeutung hat. Falls Ihr mit Euren Werkzeugen auch mal in die freie Natur hinaus wollt, bietet sich in diesem Fall ein bruchfestes Material an.

Kerzen und Aromaöle

Da Ihr sehr bald schon mit Kerzenmagie arbeiten werdet (und zwar spätestens, wenn Ihr die Kerzen auf Eurem Geburtstagskuchen auspustet oder den nächsten Adventskranz anzündet), solltet Ihr Euch einen Satz durchgefärbter Kerzen (die sind innen nicht weiß - außer bei weißen natürlich) in verschiedenen Farben zulegen. Durchgefärbt sollten sie deshalb sein, weil wir hier mit Farbschwingungen arbeiten. Für die Elemente stehen Weiß, Gelb oder Hellblau (Luft), Rot (Feuer), sattes Blau oder Blaugrün (Wasser) und Braun, Grün bzw. Schwarz (Erde). Rot, Weiß und Schwarz gelten auch als Farben der Göttin in ihren drei Aspekten als Jungfrau, Mutter und alte Weise, aber im Ritual werden für sie und ihren geweihtragenden Gefährten meist einfach zwei weiße Kerzen aufgestellt. Außerdem - mal ehrlich: Wie sieht denn ein Altar ohne Kerzen aus?

Aromaöle sind ebenfalls ein wichtiger Bestandteil der Kerzenmagie - sei es, um sie anstelle einer Räucherung zu verwenden oder um die Kerzen zu salben (z.B. damit sie duften). Darüber hinaus aber läßt sich mit echten ätherischen Ölen eine Menge anstellen, denn ihre Wirkungen sind so vielfältig wie ihre Duftrichtungen. Ihnen wohnt eine eigene Magie inne, die sich im Moment ihrer Erwärmung im ganzen Raum ausbreitet. Gerade, wenn es um Zauber geht, die man für anwesende Personen oder sich selbst wirkt, sind ätherische Öle manchmal die halbe Magie, denn sie unterstützen die gewünschte Stimmung! Darüber hinaus erscheinen die Öle uns oft wie eigenständige Wesenheiten, von denen jedes seine eigene Weisheit besitzt, die sie uns gerne und bereitwillig mitteilen.

Kleine Einführung in die Kerzenmagie

Im vorhergehenden Kapitel seid Ihr über ein Ritual zur Vorbereitung einer Prüfung gestolpert, das ein klassisches Beispiel für Kerzenmagie war. Stark vereinfacht spielt sich diese Art des Zauberns etwa so ab: Man nehme eine Kerze, ritze den Wunsch hinein, salbe sie mit ätherischem Öl, zünde sie an und lasse sie abbrennen. Manchmal wird der Wunsch auch auf ein Stück Papier geschrieben und mit Hilfe der Kerzenflamme verbrannt. Wie auch immer, aufgrund der Tatsache, daß da eine Kerze mit ein paar Buchstaben drauf verbrennt, soll sich nun auf wundersame Weise alles ereignen, was man wünscht. Glaubt Ihr nicht? Recht habt Ihr.

Wieder einmal geht es darum, zwischen der eigentlichen Magie und den Hilfsmitteln zum Beschwören derselben zu unterscheiden. Kerze, Öl und eingeritzter Wunsch können uns dabei helfen, Magie zu wirken, aber sie *sind* keine Magie. Wer also nur brav Kerzen einölt, kann sich höchstens darauf verlassen, daß diese niemals quietschen werden. Das ist auch so ein Punkt,

über den eher selten geschrieben wird, denn heutzutage muß alles kinderleicht und spielend einfach sein, damit sich die Menschen damit befassen. Also wird auch die Kerzenmagie gerne so dargestellt, obwohl das nicht (ganz) zutrifft. Das ist eigentlich ein Jammer, denn mit nur ein wenig mehr Mühe ist sie eine sehr effektive Zaubertechnik! Die wesentlichen Bestandteile erfolgreicher Kerzenmagie habt Ihr im Prüfungs-Vorbereitungsritual bereits kennengelernt:

1. Das Ritual sollte vollständig sein. Wer einen Zauber wirken will, ohne zuvor die magische Kraft aufzubauen, kann genauso gut versuchen, ein Auto ohne Benzin zu fahren. Und auf das Ziehen eines Kreises zu verzichten entspricht dem Versuch, einen Liter Wasser in der hohlen Hand nach Hause zu tragen.

2. Wenn es reichen würde, zur magischen Erfüllung eines Wunsches ein paar Buchstaben in eine Kerze zu ritzen, wären wir alle nur noch mit dem Ritzen von Kerzen beschäftigt. Alle Gegenstände und Handlungen, die für ein solches Ritual vorgeschlagen werden, dienen ausschließlich dazu, Euch dabei zu helfen, Euch auf Euer Ziel zu konzentrieren und Euch dieses so genau wie möglich vorzustellen. Versucht also, während der Ausführung des Zaubers an möglichst nichts anderes als an Euer magisches Ziel zu denken. Wenn Euch andere Gedanken dazwischen rutschen, sendet sie freundlich weg und konzentriert Euch wieder auf das Ziel. Das gilt für das gesamte Ritual, nicht nur für die Momente, die zur Visualisation des Wunsches da sind - für jene aber ganz besonders! Hier sind Eure Fähigkeiten der Konzentration und der Vorstellungskraft gefragt. Je besser diese sind, umso erfolgreicher wird Eure Magie sein, und beides läßt sich trainieren. Vorschläge zur Steigerung der Imaginationsfähigkeit haben wir Euch ja schon im vorangegangenen Kapitel gemacht; weiter unten folgen ein paar Ideen zum Thema Konzentration.

3. Die Menge macht's. Wunscherfüllungsrituale, die nur einmal durchgeführt werden, bringen in der Regel wenig. Es gibt zwar *Cracks*, die es beim ersten Ritual schaffen, die halbe Welt aus den Angeln zu heben; aber das Schöne an der Magie ist ja eben, daß man nicht so ein sonderbegabtes Genie sein muß, um Erfolg zu haben, sondern als magischer Normalmensch einfach nur ein bißchen mehr Energie investieren muß, um dasselbe zu erhalten. Falls Eure Zauber also bei einfacher Anwendung nicht funktionieren sollten, führt Ihr sie eben mehrmals aus.

Ach ja, laßt Euch nie erzählen, Ihr wärt unbegabt oder keine richtigen Hexen, wenn Ihr Eure Zauber in mehreren Durchgängen webt! Jeder hat so seine persönliche Vorgehensweise und sein eigenes Arbeitspensum - und auch in der Magie ist sorgfältige Arbeit Wertarbeit. Und die dauert wegen der nötigen Gründlichkeit oft etwas länger, bis sie erkennbar wirkt. Woran dies liegt?

Weil jeder Zauber zuerst in die feinstoffliche, andere Welt hinter unserer eingeprägt werden muß - in die Welt der Gedanken, Gefühle und des Schöpfungsplans. Stellt Euch vor, Ihr steht auf einem Acker und springt einmal hoch. Beim Herunterkommen werdet Ihr eine kleine Vertiefung in der Erde hinterlassen, die aber recht winzig ist und von jedem Regen wieder aufgefüllt werden kann. Wenn Ihr aber drei, fünf oder neun Mal springt, entsteht ein Loch, das man nicht so leicht ignorieren oder wieder auffüllen kann! Ähnlich ist es mit der Magie: Mit einem Ritual bohrt Ihr einen Gang, durch den sich die magische Kraft in Euer Alltagsleben ergießt, um dort die von Euch gewünschten Veränderungen herbeizuführen. Je deutlicher und kräftiger dieser Gang ist, umso eher werdet Ihr Erfolg haben!

Konzentration

Die beste Form, eine völlige Fokussierung - also Konzentration - der eigenen Gedanken auf eine bestimmte Sache zu erreichen, ist die Meditation, denn da geht es um nichts anderes. Deshalb möchten wir hier ganz kurz ein paar Einstiegstechniken in die Meditation vorstellen. Auf diese Weise kannst Du zwei Fliegen mit einer Klappe schlagen und neben einer gesteigerten magischen Konzentration auch noch ein bißchen Seelenfrieden erlangen. Alle folgenden Techniken führst Du am besten an einem ruhigen Ort aus, wo Du nicht gestört werden kannst. Schließe die Augen und atme einige Male tief, aber ungezwungen, bevor Du loslegst; gönne Dir einfach einen Moment Pause, dann wird Dein Atem ganz von selbst ruhiger und tiefer. Probiere Dich durch die folgenden Techniken und suche Dir jene aus, die für Dich am besten funktioniert.

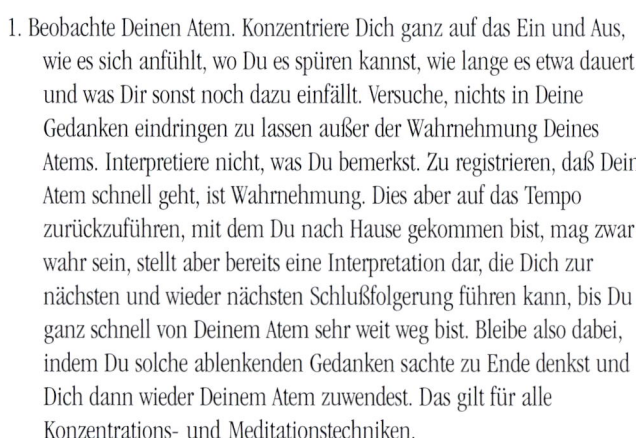

1. Beobachte Deinen Atem. Konzentriere Dich ganz auf das Ein und Aus, wie es sich anfühlt, wo Du es spüren kannst, wie lange es etwa dauert und was Dir sonst noch dazu einfällt. Versuche, nichts in Deine Gedanken eindringen zu lassen außer der Wahrnehmung Deines Atems. Interpretiere nicht, was Du bemerkst. Zu registrieren, daß Dein Atem schnell geht, ist Wahrnehmung. Dies aber auf das Tempo zurückzuführen, mit dem Du nach Hause gekommen bist, mag zwar wahr sein, stellt aber bereits eine Interpretation dar, die Dich zur nächsten und wieder nächsten Schlußfolgerung führen kann, bis Du ganz schnell von Deinem Atem sehr weit weg bist. Bleibe also dabei, indem Du solche ablenkenden Gedanken sachte zu Ende denkst und Dich dann wieder Deinem Atem zuwendest. Das gilt für alle Konzentrations- und Meditationstechniken.

2. Mache Deine Ohren weit auf und »schau« mal, was Du alles hören kannst. Wie viele Geräusche umgeben Dich? Was ist das alles? Gib den Geräuschen ruhig einen Namen, versuche aber, darüber hinaus nicht mehr zu tun. Denke also »das ist ein Vogel«, aber nicht mehr »der sitzt wohl direkt vor dem Fenster auf dem Baum«.

3. Wandere mit Deiner Aufmerksamkeit durch Deinen Körper. Gehe in jeden Körperteil hinein und spüre, wie sich dieser anfühlt. Warm? Kalt? Kribbelig? Gar nicht? Entspannt oder verknotet? Versuche, Dich dabei so wenig wie möglich ablenken zu lassen.

4. Stelle Dir einen doppelten Hamburger mit viel Ketchup und Mayo vor. Wandere in Deiner Vorstellung um ihn herum und betrachte ihn von allen Seiten. Versuche, Dich völlig darauf zu konzentrieren. Leute, die

sich was auf ihre spirituelle Entwicklung einbilden, benutzen für diese Technik einen Bergkristall, ein Mandala oder den tausenblättrigen Lotus, aber ein Hamburger tut's genauso. Auch der ist Teil der unendlichen und wunderbaren Schöpfung, oder etwa nicht?

5. Lasse nacheinander alle Buchstaben des Alphabets oder die Zahlenreihe von Eins bis »keine Lust mehr« vor Deinem inneren Auge erscheinen. Ist was für eher abstrakte Typen, aber Leute mit Mathe-Leistungskurs sind regelmäßig begeistert von dieser Technik.

6. Gehe im Geist durch Dein Haus oder Deine Wohnung und betrachte jedes Detail ganz genau. Du kannst auch einen anderen Ort nehmen, wenn Dir dieser interessanter erscheint; aber Du solltest ihn sehr, sehr gut kennen, um vor Deinem inneren Auge möglichst viele Details lebendig werden lassen zu können.

Es ist übrigens nicht schlimm, wenn Du ständig abgelenkt wirst und immer wieder Gedanken fortschicken mußt. Das heißt nicht, daß Du schlecht im Meditieren bist - viele Leute hier im Westen haben nicht begriffen, daß es bei der Meditation nicht wichtig ist, wie perfekt sie gelingt, sondern daß sie überhaupt durchgeführt wird. Unsere Kultur hat größtenteils das Meditieren mit dem Untergang der alten heidnischen Stammesgesellschaften aufgegeben und weiß leider kaum noch, worum es dabei wirklich geht - nämlich daß man es macht und um sonst nichts.

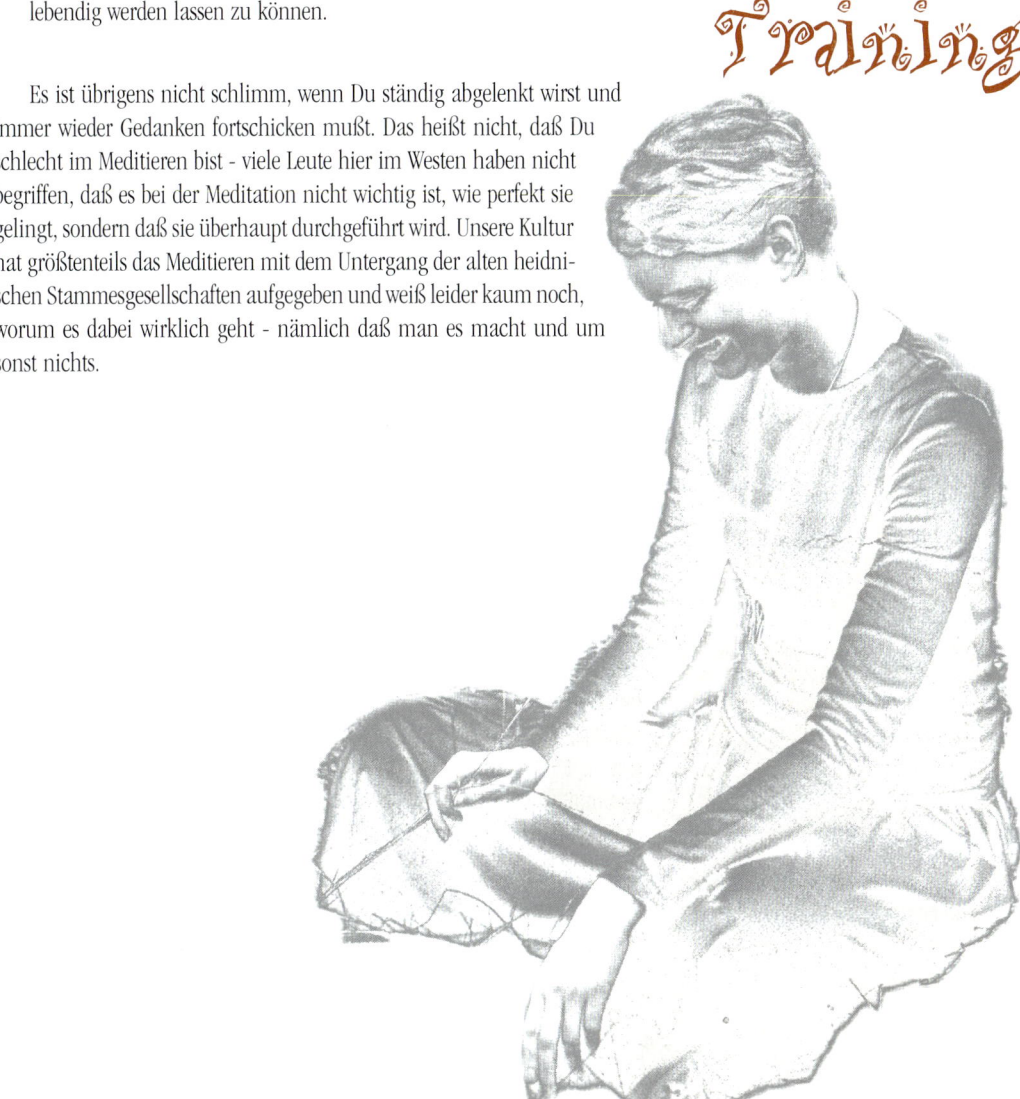

Magie Training

Universalräucherung

10 Teile Olibanum (auch Weihrauch,
Boswellia carteri)
5 Teile Myrrhe (Commiphora myrrha)
4 Teile Rosmarin (Rosmarinus officinalis)
4 Teile Majoran (Origanum majorana L.)
2 Teile Basilikum (Ocimum basilicum)
2 Teile Piment (Pimenta officinalis o. P.
dioica)

Diese Räucherung ist für jeden Zweck
geeignet, weil sie einen guten, tiefen und
neutralen Hintergrund bildet. Sie schaltet
störende Einflüsse aus, verstärkt die Konzentration und wirkt am besten, wenn sie bei
zunehmendem Mond gemischt wird.

Räucherung zur Förderung der Hellsichtigkeit

10 Teile Lorbeerblätter (Laurus nobilis)
10 Teile Wacholderbeeren (Juniperus
communis)
2 Teile Pappelknospen (Poppulus nigra)
5 Teile Salbei (Salvia officinalis)

Diese Mischung wird seit dem 16. Jahrhundert von Hexenmund zu Hexenohr weitergegeben und wirkt am besten, wenn man sie an
einem Montag bei zunehmendem Mond
zubereitet. Der Montag ist nach dem Mond
benannt und daher besonders gut für jede
Arbeit geeignet, die sich auf andere Welten,
die Gefühle oder das Unbewußte bezieht.

Räucherschalen und Räucherungen

Ähnlich wie ätherische Öle dienen auch Räucherungen der Schaffung einer bestimmten Atmosphäre, die von uns erwünschte Dinge fördert. Beiden Anwendungen liegt die Idee zugrunde, aus der Pflanze die Seele, die Essenz und damit den magisch wirksamen Bestandteil herauszulösen und unseren Sinnen wie auch dem intelligenten Universum zugänglich zu machen. Bei ätherischen Ölen geschieht dies auf dem Wege der Verdampfung, während sich Räucherungen des Mittels der Verbrennung bedienen. Es gibt Menschen, die nicht mit Rauch arbeiten können - die brauchen sich keinen Kopf zu machen, denn Öle erledigen diesen Job ebenso gut. Vielen hexen geht es bei der Handlung der Räucherung um etwas Archaisches, Heiliges und Zeremonielles, das unsere Rituale nicht unwesentlich verstärken kann - und sei es nur, weil unser Unterbewußtsein davon so ungemein beeindruckt ist. Aber genau da kommt nun mal die meiste Magie her!

Räucherungen für alle möglichen Zwecke - vom Liebes- bis zum Einweihungsritual - könnt Ihr in jeder guten esoterischen Buchhandlung kaufen. Allerdings legt Ihr dort unter Garantie viel mehr Geld hin, als das Zeug tatsächlich wert ist. Zugegeben, es gibt ein paar wirklich edle Räucherbestandteile, aber davon kriegt Ihr in einer industriell hergestellten Räucherung so oder so recht wenig bis gar nichts zu riechen. Darüber hinaus sind viele der auf dem Markt erhältlichen Mischungen bis ins Unerträgliche mit billigen Füllstoffen angereichert. Ihr könnt qualitativ weitaus bessere Räucherungen zu einem viel geringeren Preis haben, wenn Ihr sie selbst herstellt. Außerdem könnt Ihr dann nach Euren individuellen Vorlieben und auch magischen Zielsetzungen arbeiten. Das ist nicht schwer, die Bestandteile sind in jeder guten Apotheke zu bekommen.

Das Praktische an Räuchermischungen ist, daß sie weder gekocht noch kaltgerührt oder destilliert werden müssen - im Gegensatz zur äußerst komplizierten Herstellung von ätherischen Ölen braucht Ihr hier einfach nur ein paar Dinge zusammenzuwerfen, mit dem Mörser zu zerkleinern und gut durchzumischen. Echte Hexenarbeit eben.

Noch ein paar Worte zum Räuchergefäß. Es sollte feuerfest sein (Ton bzw. Keramik eignen sich am besten, Metall geht auch, wenn man viel Sand verwendet - sonst leitet es die Hitze zu sehr) und mit vier oder fünf Zentimetern Sand ausgelegt sein. Darauf kommt eine Räucherkohle - am besten nehmt Ihr die salpeterhaltigen Tabletten, die, einmal angezündet, von selbst durchglühen. Ihr bekommt sie in allen guten Esoterikfachgeschäften, aber wenn Ihr das Zeug nicht überteuert erhalten wollt, kauft Ihr in einem Geschäft ein, das sich auf Kirchenausstattung spezialisiert hat. So etwas gibt es in vielen Domstädten. Oft werden Räucherkohlen in zwei Größen angebo-

ten: die kleinen halten etwa eine halbe Stunde, und es lohnt sich eher, während eines Rituals mehrere anzuzünden, als eine große noch eine Stunde lang umsonst nachglühen zu lassen. Falls Ihr allerdings von vornherein wißt, daß es heute mal wieder länger dauert, lohnen sich die großen natürlich schon. (Und natürlich vergißt die verantwortungsvolle Hexe nicht, sich einen mit Wasser oder Sand gefüllten Löscheimer in Griffweite zu halten)

Die nebenstehenden Rezepte stammen aus einem echten *Buch der Schatten*, das bei Einweihung noch von Hand abgeschrieben wird. Sie sind einzigartig; einige davon wurden noch nie zuvor veröffentlicht. Unser Dank gilt den Hohepriesterinnen und Hohepriestern des Opal-Covens, die einer Veröffentlichung zugestimmt haben!

Erfolgsräucherung

16 Teile Olibanum (Boswellia carteri)
12 Teile weißes Sandelholz (Santalum album)
10 Teile Myrrhe (Commiphora myrrha)
10 Teile Zimtrinde (Cinnamomum ceylanicum)
5 Teile Patchouliblätter (Pogostemon cablin o. P. patchouli)

Diese Räucherung motiviert, energetisiert und stimmt positiv, während sie gleichzeitig eine starke Verbindung zum Element Erde herstellt. Was kann da noch schiefgehen? Am besten an einem Sonntag oder Donnerstag kurz vor Vollmond zubereiten. Hier steht der Sonntag mit der Sonne und dem Sieg sowie der Überwindung aller Hindernisse in Verbindung, während der Donnerstag dem Glücksplaneten Jupiter gewidmet ist.

Harmonisierende Räucherung

7 Teile Rosenblüten (Rosa pp.)
2 Teile Galgantwurzel (Alpina officinalis o. A. galanga)
5 Teile Zimt (Cinnamomum ceylanicum)
5 Teile Lavendelblüten (Lavandula officinalis o. L. vera)
2 Teile Majoran (Origanum majorana L.)
3 Teile Styrax (Styrax spp.)
3 Teile Myrrhe (Commiphora myrrha)
3 Teile Olibanum (Boswellia carteri)

Diese wunderbar tröstende Räucherung hilft, wieder ins Gleichgewicht zu kommen. Auch bei Konflikten in der Schule, Gruppe oder Partnerschaft hat sie sich als sehr hilfreich erwiesen. Am wirksamsten ist sie, wenn sie an einem Sonntag bei zunehmendem Mond zubereitet wird. Der Sonntag ist der Sonne und ihrer vereinenden, freundlichen Qualität geheiligt.

witch 101 teen

Ägyptische Meditationsräucherung

10 Teile Sandelholz (Santalum album)
5 Teile Binsenwurzel
4 Teile Lorbeerblätter (Laurus nobilis)
1 Prise Kampfer (Cinnamomum camphora,
auch Laurus camphora)
1 Prise Drachenblutharz (Daemonorops
draco o. Draceaena spp.)
1 Prise Salz
3 Teile Myrrhe (Commiphora myrrha)
2 Teile Olibanum (Boswellia carteri)

Eine herrlich zentrierende und klärende Mischung, die am besten an einem Montag bei zunehmendem Mond zubereitet wird.

Auch hierbei handelt es sich um eine Universalräucherung, die für alle magischen Arbeiten verwendet werden kann, bei denen eine meditative Atmosphäre hilfreich ist. Sie ist der Göttin Isis heilig.

Räucherung für Mut und Kühnheit

Akazienharz (Acacia senegal)
Aloeharz (Aquilaria agallocha)
Sandarakharz (Tetraclinis articulata o.
Callitris quadrivalis)
Benzoeharz (Styrax benzoin)

Hier solltet Ihr ein wenig mit der Menge der einzelnen Bestandteile experimentieren, denn jeder Mensch braucht da eine andere Mischung. Versucht verschiedene Varianten und wählt jene, die Euch am wirksamsten erscheint.

Reinigungsräucherung

Kampfer (Cimmamomum camphora o. Laurus camphora)
Olibanum (Boswellia carteri), weißes Sandelholz (Santalum album)
Lorbeerblätter (Laurus nobilis)
Zedernholz (Cedrus libani o. Cedrus spp.)
Salbei (Salvia officinalis), etwas Quendelöl
Eine Grundräucherung, die man für jedes Ritual benötigt.

Eine wunderschöne Tradition sieht vor, daß der Kreis zunächst von nur einer Hexe gezogen wird, während sich die anderen noch außerhalb befinden. Im Osten wird ein Tor offen gelassen, durch das die anderen nun einzeln eintreten; dabei wird jede Hexe mit einer Feder und einer Reinigungsräucherung von oben bis unten »abgeräuchert«. Die letzte Hexe schließlich nimmt nach ihrer eigenen Räucherung der ersten Feder sowie Räuchergefäß aus der Hand und reinigt auf dieselbe Weise jene, die den Kreis gezogen hat. Das Räuchergefäß kann auch von einem an den nächsten weitergegeben werden; dann reinigt jeder die jeweils nach ihm eintretende Hexe und die letzte jene, die den Kreis gezogen hat. Wenn sich alle im Kreis befinden, schließt ihn dieselbe Person, die ihn auch gezogen hat.

Probiert auch hier mit den Mengen herum, bis Euch die Mischung wirklich gefällt. Wir mischen sie gerne bei abnehmendem Mond, weil mit Anwendung der Räucherung auch alles Üble aus dem Kreis verschwinden soll.

Die Robe

Also, eine magische Robe gehört schon dazu, oder? So etwas mit bodenlangem, wallendem Stoff und bis zur Erde reichenden Ärmeln, tiefem Dekolleté (zumindest bei den Frauen) und glitzerndem Besatz, nicht wahr? Am besten in Sünd-Rot, Lechz-Bordeaux oder Vamp-Schwarz, oben knalleng und mit Seitenschlitz bis zur Hüfte (wiederum zumindest bei Frauen. Wie sieht eigentlich eine echt scharfe Männerrobe aus?).

Gut. Vielleicht sollten wir einfach erst mal klären, wofür das Ding eigentlich da ist. Die Robe hilft uns, richtig zu spüren, daß ein Ritual ein anderes Stück Zeit darstellt als das Frühstück, die Arbeit, eine Schulstunde oder das Hobby. Sie erinnert uns daran, daß wir uns nun in einen besonderen, weil heiligen Raum zwischen den Welten begeben, wo wir eine entsprechend besondere Funktion erfüllen. Das hilft dabei, Dinge zu tun, die im normalen Alltag oft nicht möglich sind. Ein Magie-Verstärker also.

Außerdem aber stellt die Robe einen weiteren Schutz vor hemmenden oder schädlichen Energien dar. Während der Kreis durch seine Kraft sein Vorhandensein anzeigt und aktiv alles jetzt nicht Dienliche abprallen läßt, wirkt die Robe passiv; in ihrem Schutz verschwinden wir für alle Energien, die uns Mieses wollen. Wir sind wie unter einem Tarnmantel einfach nicht mehr da. Wer diesen Aspekt besonders betonen möchte, sollte eine schwarze Robe wählen, denn Schwarz nimmt alle anderen Farben und Energien auf, anstatt sie wieder zurückzuwerfen, wie es Weiß am stärksten tut.

So kann die Farbe einer Robe zum Statement werden - wählt entsprechend des Bereichs, der Qualität oder der Kraft, mit der Ihr Euch verbunden fühlt und die von dieser Farbe repräsentiert wird. Natürlich sollen Roben auch dabei helfen, das echte Hexen-Feeling zu bekommen. Kleider machen Leute, das ist wahr. Vergeßt aber nicht, daß es Euer Job ist, dieses herrliche, robenlange Hexengefühl wirklich in Euer tägliches Leben zu integrieren und zumindest ansatzweise auch dann zu spüren, wenn Ihr die wallenden Gewänder nicht tragt. Eine Hexe kann man immer sein, nicht nur zu Vollmond. Laßt Euch ruhig von Roben, Ketten, Talismanen und Edelsteinen dabei helfen, das entsprechende Gefühl zu erspüren, aber versucht ständig, über diese Hilfsmittel hinauszuwachsen. Dann nämlich tragt Ihr mehr als nur ein tolles Kostüm. Erst, wenn Ihr die Kraft auch in T-Shirt und Jeans spüren könnt, habt Ihr Eure Zeit als Hexenlehrling abgeschlossen und seid zu Vollzeit-Hexen geworden.

Zur Robe selbst ist folgendes zu sagen:

1. Neben der Farbwahl ist auch der Schnitt von Bedeutung. Wallend sind die Dinger nicht nur, weil das scharf aussieht, sondern vor allem, weil man dadurch viel Bewegungsfreiheit hat. Das ist enorm wichtig - in engen Jeans fließt nichts, und magische Energie schon gar nicht. Deshalb sollte eine Robe keinen Teil des Körpers einengen und auch am Ärmelansatz so weit geschnitten sein, daß man mühelos die Arme zum Himmel erheben kann (klassische Anrufungsstellung, braucht Hex ständig), ohne dabei gegen den engen Stoff ankämpfen zu müssen.

2. Echt magisch wirkt das Teil, wenn es selbst genäht ist. Am besten Stich für Stich von eigener Hand (vor allem, wenn man während der Arbeit an möglichst nichts anderes als die magische Bestimmung des Stücks denkt). Da wir in einer Hetz- und Hektik-Kultur leben, tragen die meisten Hexen jedoch vom türkischen Schneider ums Eck (weil die ihr Handwerk am besten verstehen und am preiswertesten sind!) nach eigenen Ideen gefertigte Roben, die allerdings wenigstens mit eigenhändiger Stickerei versehen sind. Hier eignen sich vor allem magische Zeichen, die eine besondere Bedeutung für Euch haben. Schnitte lassen sich vor allem in den Faschingsausgaben der handelsüblichen Schnittzeitschriften finden. Manchmal kann man auch einfach den Schnitt eines weiten Kleids nehmen und diesen in der Mitte öffnen. Auch im Internet lassen sich Schnitte finden - vor allem im Bereich mittelalterlicher Kostüme! Darüber hinaus kann man bei vielen esoterischen oder naturreligiösen Versänden fertige Roben bestellen, die zwar meist einen Sauhaufen Geld kosten, dafür aber sozusagen ritualfertig sind. Seht Euch hier aber erst an, ob die Nähte gut gearbeitet sind, denn da wird am häufigsten gepfuscht.

3. Die Wahl des Stoffes sollte weniger vom Effekt als von der Verwendung der Robe abhängen. Wenn Ihr zum Beispiel aus dem Hexenkult eine echte Naturreligion machen wollt, bietet sich ein dicker Walkloden an - nicht billig, aber sehr, sehr warm. Oder Ihr fertigt gleich eine Unter- und eine Überzugsrobe an; dann könnt Ihr drinnen auf das dünne schicke Teil zurückgreifen, während Ihr für Rituale im Freien einfach die dickere Außenrobe überzieht.

4. Wichtiger als schick auszusehen ist immer, daß die Robe ihren Zweck erfüllt. Bequem geht vor enge Taille á la Mortitia Adams.

5. Vorsichtig mit den überscharfen Teilen in Gesellschaft - viele Hexen tragen eher schliche Roben. Wer da mit aufgedonnerten Atlantis-Priestergewändern ankommt, fällt unter Umständen peinlich auf! Besser ist es, erst mal vorsichtig zu peilen, was in diesem speziellen Hexenkreis gerade Mode ist. Hexen definieren sich in erstaunlichem Maß über ihre Ritualgewänder

Handarbeit
... die gute alte.
Deine Dir eigenen Symbole und
Verzierungen können nur von Dir selbst
aufgebracht werden.

und reagieren dementsprechend empfindlich, wenn sich jemand ihrer Ansicht nach unangemessen kleidet - was immer das bei unsereins auch bedeuten soll. Deshalb muß aber niemand ein Ausschlußverfahren wegen Fehlbekleidung erwarten - auch aus Hexen spricht manchmal einfach nur der allzu menschliche Neid auf die schlankere Taille.

Der Altar

Nein, jetzt geht es nicht *spornstreichs* zur Kirche. Der Altar ist viel älter als das Christentum und wurde schon immer als Zentrum der Verehrung des Heiligen, aber auch zur Konzentration magischer Kräfte genutzt. In gewisser Weise ist ein Altar ein Spiegelbild dessen, der ihn gestaltet hat und benutzt, aber das sollte man auch nicht überbewerten. Wichtig ist, daß dieser Platz nur für Euch und die eigenen Absichten und sonst nichts gedacht sein sollte. Ihr könnt Eure magischen Werkzeuge darauf stellen. Erstens sieht das gut aus, zweitens liegen sie dann nicht im Weg herum und drittens ergibt sich über einem zentralen Ritualplatz wie dem Altar ständig eine gewisse magische Kraft, die Eure magischen Werkzeuge lädt und noch kraftvoller macht. Aus ähnlichem Grund haben viele Hexen »Langzeitzauber« auf ihren Altären liegen; das sind die Utensilien von magischen Aktionen, die sich im Laufe der nächsten Monate erfüllen sollen. So kann auch ein gewähltes und momentan gültiges Lebensmotto oder ein inneres Thema auf dem Altar zum Ausdruck gebracht werden, indem man die ihm entsprechenden Symbole oder Gegenstände dort arrangiert - z.B. Fotos, Muscheln, Steinchen, eben alles, was Euch heilig ist, was Ihr liebt und was Eure Gefühle und Stimmung günstig für die magische Arbeit fördert. Es ist Euer Platz!

Der Besen

Was, Ihr habt gedacht, das sei nur ein Witz? Der Besen käme hier nicht dran? Aber hallo, das ist eines der wichtigsten Elemente des Hexenkults - und wenn auch manchmal nur, weil wir uns selbst damit auf den Arm nehmen, weil er so herrlich klischeemäßig ist. Aber nicht umsonst ist die Fähigkeit, über sich selbst lachen zu können, eine der kostbarsten überhaupt!

Laßt Euch aber davon nicht täuschen. Auch der Besen erfüllt eine wichtige magische Funktion - jene der Reinigung. Nein, das ist kein Scherz: Viele von uns verwenden den typischen, klischeemäßigen Reisigbesen, um vor und nach einem Ritual den für den Kreis vorgesehenen Platz zu reinigen - vor allem, wenn es sich dabei um einen fremden Ort handelt oder um einen, der auch von anderen Leuten regelmäßig besucht wird. Entsprechend der analogen Magie steht der Besen natürlich für die Kraft der Reinigung und ist hier

Weiße Hexen
... in Avebury, England.

Witch 107 teen

auch auf energetischer Ebene zu Erstaunlichem fähig. Vor allem Reisigbesen eignen sich da sehr gut, weil sie dem Naturzustand sehr nahe sind. In den Reisern steckt die Kraft deutlicher als etwa in künstlichen Plastikborsten!

Schlußendlich dient der Reisigbesen vielen Hexen als Erkennungszeichen. Sie stellen ihn neben der Haustür oder im Hausflur auf; wenn Ihr also beim Betreten eines Hauses einen Reisigbesen ganz unschuldig und beinahe unauffällig in der Ecke lehnen seht, solltet Ihr durchaus wachsam werden. Nicht immer, aber oft habt Ihr dann das Haus einer Hexe betreten. Also benehmt Euch sicherheitshalber - Ihr wollt es doch nicht mit Warzen auf der Nase wieder verlassen, oder?

... und wieder zurück zum Anfang

Aber irgendwann, wenn Ihr ein paar Jahre in diesen unpraktischen Roben Treppen hinaufgefallen seid, oft genug keinen Platz mehr im Auto für dieses sperrige Schwert gefunden habt und es leid seid, ständig einen Rucksack und zwei Tüten mit in den Wald zu schleppen - sprich: Wenn der Zauber all der tollen, kleinen Dinge verblüht ist - werdet Ihr vielleicht feststellen, daß Ihr mittlerweile weit genug seid, um einen Kreis mit der bloßen Hand zu ziehen und an der unverhofft angetroffenen Quelle eure hohlen Hände selbst zum Kelch der Göttin zu machen. Dann werdet ihr hie und da Rituale in Jeans und T-Shirt feiern, weil Ihr die Kraft der Magie immer zu spüren imstande seid, egal wo Ihr Euch befindet. Unter Umständen werdet Ihr dann sogar gar nicht mehr mit ausgefallener Kleidung und vielen bedeutsamen Anhängern um den Hals auffallen, sondern nur noch unerkannt mit dem Hintergrund verschmelzen wollen, um auf diese Weise ungestört Eure wirklich wichtige Arbeit zu tun. Dann werden sich Eure Ritualutensilien wieder auf einen kleinen Rucksack beschränken, und Ihr werdet ein, vielleicht zwei magische Schmuckstücke besitzen, die Euch wirklich so sehr von Bedeutung sind, daß Ihr Euch nicht mehr von Ihnen trennen mögt. Zu diesem Zeitpunkt werdet Ihr vielleicht auch ein altes, mittlerweile schon abgewetztes Tarotdeck besitzen, das in der Tat schon bessere Zeiten gesehen hat, welches Ihr aber gerade wegen seiner Erinnerungen an diese Zeiten auf keinen Fall aufgeben wollt. Langsam, aber sicher wird die Magie der Zeit Euch helfen, Eure Spreu vom Weizen zu trennen. Auf jeden Fall aber werdet Ihr schließlich genau wissen, was für Euch selbst von Bedeutung ist und was nicht. Vertraut darauf. Besser als Ihr selbst kann es niemand wissen.

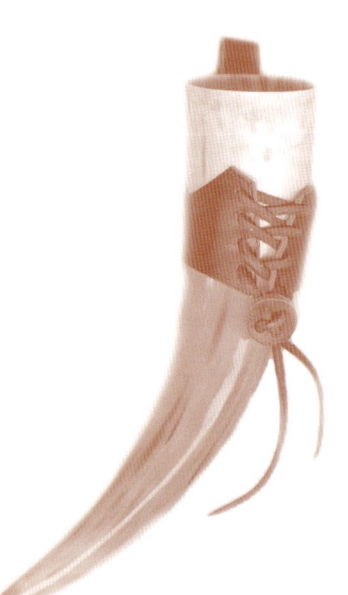

Analoge Magie
... bedeutet, daß man sich einen *Gedankenaufhänger* herstellt, über den man leichteren Zugang zu einem Thema bekommt. So symbolisieren Besen das Reinigungswerkzeug, mit dem man die magische Arbeitsstelle säubert. Man könnte aber auch mit einem nassen Tuch fuchteln oder mit einem Staubwedel winken - Hauptsache, es wird sauber!

Kapitel 6
Kontakt zu Hexen herstellen

Wie kann ich Kontakt mit anderen Hexen aufnehmen?

Es gibt verschiedene Möglichkeiten, Leute zu finden, die sich ebenfalls für den Hexenkult interessieren. Ihr könnt zum Beispiel eine kurze Notiz schreiben, die Ihr in Geschäften für esoterische Bücher und Zubehör, Naturkosmetik, Naturkost oder Reformkosthäusern aushängt. Sagt dem Ladenbesitzer einfach, Ihr würdet Kontakt zu Menschen suchen, die sich auch für sein Gebiet interessieren und fragt, ob Ihr einen kleinen Zettel aufhängen dürft. Manche Super- oder Baumarktketten haben schwarze Bretter, die Ihr ebenfalls nutzen könnt. Auch das Internet bietet Kontaktmöglichkeiten, und dann ist da immer noch der örtliche Kleinanzeigenmarkt wie auch die Anzeigenecke einschlägiger esoterischer oder sogar neuheidnischer Magazine. Schließlich gibt es bestimmte Orte in Deutschland, an denen zu bestimmten Zeiten im Jahr mit ziemlicher Sicherheit Hexen anzutreffen sind, und auch Zufallsbegegnungen sind nicht unmöglich; Mittelaltermärkte zum Beispiel sind häufig ungeplante Vermittler hexischer Kontakte. All diese Kontaktmöglichkeiten bergen Chancen, aber auch Gefahren, weshalb wir genauer auf sie eingehen möchten.

Eines haben jedoch all diese Kontaktmöglichkeiten gemeinsam: Sie sind viel, viel erfolgversprechender, wenn Ihr vorher ein kleines Ritual durchführt, mit dem Ihr den Hexen in Eurer Umgebung sozusagen auf feinstofflicher Ebene ein »Hey - mich gibt's auch, und ich bin hier!« zuschickt. Das weckt sie auf und läßt sie zum Beispiel mal wieder auf dem Flohmarkt nach magischen Gegenständen suchen, obwohl sie das seit Monaten nicht mehr getan haben - und zwar genau dann, wenn Ihr dort ebenfalls in der Edelsteinkiste herumwühlt. Oder es sorgt dafür, daß eine mögliche Interessentin gerade heute in den Naturkostladen geht, in dem Ihr gerade Euren Hexentee besorgt habt - obwohl sie eigentlich nie dort kauft! (Manchmal sind Hexen einfach zu pleite für Reformkost.)

Habt Vertrauen!

... denn eine „richtige" Hexe wird zur genau richtigen Zeit und an genau dem richtigen Platz die richtigen Leute treffen. Habt Vertrauen in den Fluß der Dinge!

Hexen rufen

Ritual

Gehe zu Deinem Altar, ziehe den Kreis, rufe die Elemente, erde Dich und rufe die Göttin der Hexen (oder ihren Gott, das liegt bei Dir). Erkläre sowohl den Elementen als auch der Gottheit, warum Du dieses Ritual feierst und bitte um ihre Unterstützung bei Deinem Vorhaben.

Entzünde nun eine hellblaue Kerze. Setze Dich vor Deinen Altar und schließe die Augen. Versenke Dich tief in Dich hinein - genau dorthin, wo das Sehnen nach der Begleitung durch andere Hexen, der tiefe Wunsch, mehr von Deiner Art zu finden und gemeinsam mit ihnen den Weg der Hexen zu gehen liegt. Begib Dich mit Deiner Aufmerksamkeit ganz in diesen Teil Deines Körpers und auch Deiner Seele hinein; spüre diesen Wunsch, bis er eine beinahe verzweifelte Intensität annimmt, die fast nicht mehr zu ertragen ist. Sieh vor Deinem inneren Auge, wie es sein wird, wenn Du andere Hexen gefunden hast, wie ihr gemeinsam tanzt, lacht und Eure Rituale feiert. Wenn Du das Sehnen kaum noch aushältst, öffnest Du die Augen und blickst in die Flamme der hellblauen Kerze. Atme nun tief und kraftvoll aus, und lasse Dein ganzes Sehnen, Deinen ganzen Ruf mit diesem Atem hinausgehen. Spüre, wie er sich wie Radio- oder Teichwellen in alle Richtungen ausbreitet und das Dich umgebende Land überflutet. Folge der Welle und sieh, wie sie überall im Land Hexen berührt, die buchstäblich auf Deiner Wellenlänge liegen; sieh, wie sie kurz in ihrer Arbeit stocken, sich im Schlaf plötzlich unruhig wälzen oder unvermittelt beim Lesen eines Buchs aufblicken. Sie haben Dich gespürt und werden zu Dir gezogen werden. Der Kontakt ist hergestellt, und sie wissen nun unbewußt, daß da noch eine oder noch einer von ihnen ist.

Bedanke Dich bei der gerufenen Gottheit und den Elementen und verabschiede Dich von ihnen, bevor Du den Kreis öffnest. Dieses Ritual sollte am besten am Tag vor Vollmond ausgeführt werden. Noch wirksamer ist es, wenn Du es sieben Abende hintereinander ausführst, wobei das letzte Ritual auf den Vollmond fällt.

Ritual

Glücksnagel

... Nachbildung eines Hufnagels
in Goldfassung.
Italienischer Ursprung.

Das Internet

Kontakte via Internet haben Vor-, aber auch Nachteile. Ein Vorteil besteht darin, daß sie räumlich beinahe unbegrenzt sind - ich kann bei wesentlicher schnellerer Übertragung als bei einem Brief schriftliche Gedanken mit jemandem austauschen, der sich am anderen Ende des Landes oder sogar der Welt befindet.

Gleichzeitig aber stellt das Internet auch gerade in Bezug auf die Möglichkeit nachfolgender persönlicher Begegnungen eine große Gefahr dar. Die meisten Leute, die sich an diesem weltweiten Informations- und Plaudergarten beteiligen, denken nämlich zunächst gar nicht an die Möglichkeit einer persönlichen Begegnung. Sie bauen eine Internet-Persönlichkeit auf, die ihrer tatsächlichen entsprechen kann oder auch nicht. Tatsache ist allerdings, daß es immer wieder Leute gibt, die sich hinter den gesichtslosen Telefondrähten verstecken und dort eine Art Rollenspiel betreiben, indem sie eine Version von sich darstellen, die sie gerne wären, aber beileibe nicht sind. Es gibt sogar richtiggehende Internet-Gurus, die ihre treuen Netzanhänger haben, aber keinerlei Chance auf auch nur einen einzigen Jünger hätten, wenn diese sie in ihrem wirklichen Leben sehen könnten! Internet ist eben klasse, denn es bietet Dir die Möglichkeit, mal aus Deiner faden Existenz herauszukommen und etwas Besonderes zu sein. Haftung gibt es keine, nicht einmal eine Wahrheitspflicht - wozu hat man schließlich einen Internetnamen? Niemand wird jemals die Verantwortung übernehmen müssen für all die persönlichen Phantasien und Lügen, die so im Internet gesponnen werden.

Wenn Ihr im Internet jemanden entdeckt, den Ihr für interessant haltet, solltet Ihr nie die Möglichkeit aus den Augen verlieren, daß diese Person vielleicht nur so tut, als ob sie das wäre, was Ihr mitbekommt. Und selbst wenn das nicht der Fall ist, solltet Ihr immer bedenken, daß sich Kommunikation im Internet stets auf die rein schriftliche Ebene beschränkt, aber mit Smileys sowie angehängten Bild- oder Sounddateien den Eindruck erweckt, mehr als das zu sein. Sprich: Hier fehlt die gesamte Palette der nonverbalen Kommunikation. Normalerweise habt Ihr jedoch nur die Worte, aus denen Ihr auf Euer Gegenüber schließen könnt, aber keine Gesten, keine Gesichtsausdrücke, ja nicht einmal eine bestimmte Betonung der Worte, die Ihr erhalten habt. Hier wird Mißverständnissen Tür und Tor geöffnet, denn die meisten Menschen wissen nicht, wie relativ gering der Anteil des Inhalts einer Botschaft im Vergleich zu all den anderen Mitteilungen ist, von denen wir gerade gesprochen haben. Sie glauben, mit den Worten das Wesentliche erhalten zu haben, doch das ist oft nicht der Fall. Probiert es doch selbst einmal aus und sagt den Satz »Ich finde Dich nett« einmal mit einem Lächeln und einmal mit sarkastisch erhobenen Augenbrauen. Das ergibt zwei völlig unterschiedliche Mitteilungen. Wie soll ich da aus einer Internet-Botschaft, die nur aus Worten besteht, entnehmen, was gemeint ist?

Es gibt es im Internet genug irre Typen, die so tun, als wenn sie etwas wären, was sie nicht sind - absolute Super-Hexen zum Beispiel. Die brauchen einfach Bewunderung und Anerkennung, weil sie davon in ihrem realen Alltag abseits des Internets nicht allzuviel bekommen. Wirklich weiterhelfen können sie Euch aber meist nicht.

Tja, und zwischen all diesen Mißverständnissen, den mehr oder weniger schlechten Schauspielern und falsch informierten oder gar irregeleiteten Menschen, sitzen nun ein paar echte Hexen, die ganz selbstverständlich das von sich geben, was sie wirklich sind. Wie soll man die aber erkennen?

Ein wirklich sicheres System gibt es da nicht; schlußendlich können Euch nur ein gesundes Selbstbewußtsein und ein klarer Menschenverstand weiterhelfen. Laßt Euch nicht einreden, was Ihr zu denken habt - und egal, wie nett es klingt: Ihr bestimmt, was wichtig ist!

Generell solltet Ihr die Nachrichten oder Mails einer Euch interessierenden Person im Internet daraufhin prüfen, wie echt und unverstellt sie Euch erscheinen. Ein gutes, wenn auch nicht völlig sicheres Zeichen kann eine Email-Adresse sein, die den tatsächlichen Namen der Person enthält. Auch der Verzicht auf einen Internet-Namen kann auf eine Person hinweisen, die näher zu betrachten sich lohnt, denn sie zeigt damit deutlich ihre Bereitschaft, für alles, was sie so im Internet produziert, auch geradezustehen. Das sollte allerdings nicht automatisch alle Leute ausschließen, die ein Pseudonym benutzen. Oft ist der eigene Name bereits vergeben, und außerdem kann es einfach Spaß machen, und für Spaß sind Hexen äußerst anfällig!

Zufallsbegegnungen

Stellt Euch folgende Szene vor: Ein interessanter Stand auf einer Esoterikmesse. Da liegen Kristalle und Pentagramm-Anhänger neben duftendem Räucherwerk und Verkaufsinfos. Hinter dem Tisch steht ein mehr oder weniger beeindruckender Mann (meist eher weniger, was ihm aber in keinster Weise klar ist), der mit wissend-verschleiertem Blick die Menschen beobachtet, die da an seinem Stand verweilen. Einer hübschen jungen Frau schließlich sieht er plötzlich tief in die Augen, um dann mit großer Bedeutsamkeit zu sagen: »Das ist einfach unglaublich - ich kenne Dich aus einem früheren Leben!« Na, das ist doch einfach irre, nicht wahr? Da wollte man einfach nur ein bißchen Esoluft schnuppern und findet nicht nur echte Magiermeister, sondern ist auch noch mit einem von ihnen karmisch verbunden! Da steigt der Selbstwert doch gleich um etliche Zentimeter - zumindest, bis der *Meister*

Baumharz

... in Form einer Kugel oder eines Apfels, in Silberbändern gefaßt, 16. Jhd.

Hexenring

Ring aus Bein in antiker Tradition.
Die Schlange ist mit
sieben roten Tupfen verziert.
Oberbayern, ca. 18. Jhd.

(man hat ja schließlich viel nachzuholen seit 1345) schon mal probeweise anfragt, wieviel Ihr von Eurem sauer verdienten Taschengeld für sein sog. Schutz-Amulett wohl ausgeben würdet. Ich weiß zwar nicht, welche Art von Beziehung Ihr vor sechshundert Jahren miteinander hattet, aber behandelt solche Leute bitte wie jede andere Person auch, die Euch von der Seite anmacht. Wahrscheinlich werdet Ihr dann allerlei magischen Blödsinn zu hören bekommen - »Das brauchen alle echten Hexen, das liegt doch in der Natur, die wir so verehren« oder »Du wirst die Mysterien nie begreifen, wenn Du nicht lernst, Deinen Zweifel zu unterwerfen«. Alles Quatsch.

Wenn Euch jemand auf Esoterikmessen, Mittelaltermärkten, an alten keltischen oder von sonstwem verwendeten Kultstätten oder auch auf nichtheidnischen Großveranstaltungen als Hexe erkennt, kann das der Wahrheit entsprechen. Es kann aber auch nichts als plumpe Anmache sein. Schaut Euch die Person genau an, begebt Euch nicht mit ihr an einsame Orte und verlaßt Euch ganz auf Euer Gefühl. Sagt es »nein«, stellt Ihr Euch am besten dumm. Hexen? Noch nie davon gehört! Auch die »Du warst in deinem früheren Leben eine ägyptische Königin«-Variante steht hoch im Kurs. Wem macht es denn schon Spaß, nur eine kleine Küchenmagd gewesen zu sein, wenn man Napoleon in seine Reinkarnationsreihe aufnehmen kann - wie etwa 134.987 andere Menschen auch?

Manchmal, nur manchmal allerdings - da sitzt eine Frau in einem grünen Kleid abseits vom Trubel und trinkt versonnen aus einem Kaffeepott, während sie die Menge überblickt. Ein wenig näher tretend entdeckt Ihr vielleicht ein kleines keltisches Kreuz um ihren Hals, doch das ist es nicht, was Euch bewegt, Euch neben sie in den Schatten zu setzen. Ihr seht Euch an und lächelt, und nach ein paar einleitenden Sätzen fragt Ihr sie vielleicht zögernd und vorsichtig vorwärtstastend nach der Bedeutung, die das Schmuckstück für sie hat. Vielleicht sagt einer von Euch beiden bald »Merry Meet« und erntet ein erfreutes, stilles Lächeln ohne Wichtigtuerei und Pathos.

Nehmt es den Chaoten, den Angebern und den Heuchlern nicht übel - sie können nicht anders. Aber verliert unter ihnen nicht den Mut, nach der stillen Frau oder dem versonnen lächelnden Mädchen unter dem Ahornbaum Ausschau zu halten. Es gibt sie auch, sie sind nur ein wenig schwerer zu finden; aber die Mühe lohnt sich.

Reinkarnation

... heißt, nicht nur ein einziges Leben
zu haben, sondern nach dem Tod
wiedergeboren zu werden;
dieser Glaube wurzelt in der
hinduistischen Spiritualität,
war aber auch den vorchristlichen
Religionen Europas zu eigen.
Die meisten Hexen gehen davon aus,
daß sie schon viele Male
auf der Erde gelebt haben.

Wo treffen Hexen sich?

Vor allem zu bestimmten Tagen im Jahr kannst Du an gewissen Plätzen ziemlich sicher mit Hexenvolk aller Farben rechnen. Das ist vor allem natürlich die Nacht zum ersten Mai, die berühmte Walpurgisnacht. Aber auch die Sommersonnenwende am 21. Juni bietet sich da an, und die Hartgesottenen sind auch zur Wintersonnenwende am 21. Dezember draußen zu finden. Vor allem auf dem Brocken im Harz, an den Externsteinen im Teutoburger Wald und an anderen von vorchristlichen Kulturen wie den Kelten oder Germanen errichteten bzw. benutzten Naturheiligtümern sind sie dann anzutreffen. Seht Euch einfach nach einer Wanderkarte (bekommt man beim Tourismusverband) oder einem Kultplatzführer um (in esoterischen Buchhandlungen zu finden), worin entsprechende Orte in Eurer Umgebung verzeichnet sein könnten, und fahrt an einem dieser Abende mal hin. Überlegt Euch aber gut, was Ihr sagen wollt, falls Ihr tatsächlich jemanden dort antrefft. Fallt nicht mit der Tür ins Haus, sondern versucht, Euch respektvoll und freundlich zu verhalten - unsererereins ist es gewohnt, von verwunderten Blicken bis Spott und Hohn alle möglichen Reaktionen von zufällig an unseren Kreisen vorbeiflanierenden Spaziergängern zu erhalten und ist daher ein wenig empfindlich im Gedärm - also bitte nicht anglotzen, und Füttern ist auch verboten.

Stellt auch sicher, daß es sich bei der Runde, die da fröhlich nebeneinander im Gras sitzt, tatsächlich um einen Hexenkreis handelt und nicht etwa um die Burschen- und Mädchenschaft des Nachbarortes. Auch deren nächtliche Treffen in der freien Natur sind zu diesen Zeiten zwar jahrhundertealte Tradition, deshalb aber noch lange nicht magischer Art. Und oft verzieht sich auch so manche Kifferpartie eben mal an den Waldrand. Haltet also nach Anzeichen für magische Tätigkeiten Ausschau - Trommeln, Kelche oder Trinkhörner, interessant verzierte Stäbe, eventuell ungewohnte, robenartige Kleidung (aber nicht immer!) und ein improvisierter Altar (Tuch auf dem Boden oder ein Stein mit Kristallen, Kelch, Dolch und anderen nicht alltäglichen Gegenständen geschmückt) sind sichere Hinweise. Oft tragen auch mehrere Mitglieder der Gruppe Schmuckstücke, die magischen Symbolen oder historischen Vorlagen nachgebildet sind.

Macht bitte nicht den Leisetreter. Geht ganz normal heran und grüßt freundlich; falls Ihr irgendwelche Anzeichen für einen bereits gezogenen magischen Kreis seht, versucht bitte, außerhalb desselben stehenzubleiben. Versucht es mit einem »Merry Meet«, und wenn man Euch auf entsprechende Weise antwortet, könnt Ihr erklären, daß Ihr gekommen seid, weil Ihr Gleichgesinnte sucht. Vielleicht wird man Euch in den Kreis einlassen, vielleicht aber auch mit einer Telefonnummer und der Bitte um Anruf morgen früh - Verzeihung, morgen nachmittag - wegschicken.

Anhänger

Eine Hand hält einen Ring,
in den eine Schlange gebissen hat.
Silber, Italien.

FSK - Tip ab 16!

... immer zu zweit und die Eltern vorher
informieren bzw. um Erlaubnis fragen ...

Das Problem mit dieser Art der Kontaktsuche ist, daß Ihr kaum Möglichkeiten habt, die Leute, denen Ihr da gegenübersteht, gründlich zu prüfen, bevor Ihr sie in Euer Privatleben laßt. Versucht also auch hier, zunächst ein Treffen auf neutralem Boden zu vereinbaren. Seid aber nicht beleidigt, wenn Ihr dafür Eure eigene Telefonnummer hergeben müßt, anstatt die eines Ansprechpartners im Hexenkreis zu erhalten. Vor allem an sehr bekannten Plätzen wie dem Brocken oder den Externsteinen kommt das vor, und gerade da treffen sich neben seriösen Hexen auch jede Menge komische Typen, die das alles nur mitmachen, weil sie es so schön exotisch oder gruselig finden und keine echte Beziehung zum Hexenkult haben. Deshalb schlagen wir vor, für diese Art der Kontaktaufnahme lieber ein wenig nachzuforschen und vielleicht weniger bekannte Orte zu finden, die dafür aber auch nicht vor jeder Walpurgisnacht in allen deutschen Zeitungen stehen. Schlimmstenfalls seid Ihr dort dann alleine - bringt also sicherheitshalber Eure Ritualutensilien mit, damit Ihr selbständig arbeiten könnt! Bedenkt bitte, daß sich Hexen an diesen Tagen nicht da draußen befinden, um Informationsveranstaltungen abzuhalten, sondern um ein Ritual zu feiern, und seht es ihnen nach, wenn sie vielleicht etwas kurzangebunden sind.

Übrigens: Eine ganz und gar ungefährliche und auch von seiten der Hexen ganz lockere Form der Kontaktaufnahme ist der sogenannte Hexenstammtisch. Das gibt es in vielen Großstädten; wo, erfahrt Ihr am besten auf Hexen-Homepages im Internet oder in Hexen-Zeitschriften (beides siehe Anhang). Diese Treffen finden immer in öffentlichen Lokalen statt und sind zur gegenseitigen Kontaktaufnahme gedacht. Deshalb wird man Euch nicht mißtrauisch anschauen, sondern Euch freundlich willkommen heißen und gerne noch einen Stuhl für Euch heranziehen. Da könnt Ihr oft mehr als fünfzehn oder zwanzig Leute auf einmal kennenlernen und Euch auch mit persönlichen Begegnungen soviel Zeit lassen, wie Ihr wollt, denn diese Stammtische finden meist regelmäßig einmal im Monat statt. Viele »Erstbesucher« genießen solche Stammtische vor allem deswegen, weil dort die Frage, ob es Magie an sich überhaupt gibt, längst nicht mehr Thema ist, sondern man sich über das Wie und die eigenen Erfahrungen damit genauso normal unterhalten kann wie im Fußballverein über die Champions-League oder im Kaninchenzüchterverein über Grünfutter. Vor allem die Organisatoren solcher Hexenstammtische können Euch oft mit Euren Fragen oder Kontaktwünschen weiterhelfen.

Gehen Hexen auch in Discos?

Kommt auf die Musik an. Einige Hexen meiden Discos seit Beginn der Techno-Welle, aber eine ganze Reihe der Kultgenossen findet gerade den Tran-

Hexenbezoar

Jeder Gegenstand mit ritueller oder persönlicher Bedeutung kann als Anhänger getragen werden, wie z.B. hier in einer einfachen Schmiedefassung.

ce-Techno einfach nur scharf und geht seitdem dreimal so oft abtanzen. Ist wohl Geschmackssache ...

Klar gehen Hexen in Discos. Wie bereits erwähnt, wird der Göttin der Hexen ein Satz zugeschrieben, der da lautet: »Alle Handlungen der Liebe und Freude sind meine Rituale.« Und was macht mehr Spaß als Tanzen?

Wie erkenne ich eine Hexe?

Gewisse Chancen bestehen bei Leuten, die magische Symbole um den Hals tragen, ausgefallene Kleidung lieben und eine gewisse Andersartigkeit an sich haben. Leider trifft diese Beschreibung auch auf Typen mit Minderwertigkeitskomplexen oder verzerrter Wirklichkeitswahrnehmung zu. Allerdings ist kein Symbol, keine Begrüßungsformel, kein Styling und keine noch so mystische Aura eine Garantie dafür, daß Ihr die dazugehörige Person wirklich werdet leiden können. Unsereins ist keine Sonderausgabe der Menschheit, denn unter uns gibt es alle möglichen Persönlichkeitstypen, von denen Euch manche mehr und andere weniger liegen werden. Drum prüfe, wer sich (vielleicht nicht ewig, aber doch) bindet!

Woran erkenne ich einen guten Hexen-Kreis?

Das kommt vor allem darauf an, was Ihr von einem guten Coven (engl.: Hexenkreis) erwartet. Wenn Ihr anständig hexen lernen wollt, dürfte Euch eine zurückgezogene, mehr auf Meditation und spirituelle Entwicklung konzentrierte Gruppe wenig bringen. Und wenn Ihr alles dafür geben würdet, endlich in Kontakt zur Göttin in Euch zu kommen, findet Ihr ständige Zauberrituale vielleicht eher nervtötend. Es ist also durchaus wichtig, sich darüber klar zu werden, was man von einem Hexencoven eigentlich will, denn das hilft, Enttäuschungen zu vermeiden.

Darüber hinaus aber gibt es ein paar Dinge, die grundsätzlich gut arbeitende und (worin auch immer) erfolgreiche Gruppen von den anderen abheben:

1. Sprecht Dinge, die Euch komisch vorkommen, durchaus im Kreis an. Können die Mitglieder sich mit damit ruhig und konstruktiv auseinander setzen, so ist die Gruppe zur Selbstkritik und der Arbeit an sich selbst bereit. Solltet Ihr aber brüsk abgeschmettert werden, ist das schon ein Alarmzeichen - zumindest aber weist es darauf hin, daß erstens für Euch andere Dinge wichtig sind als für den Kreis und das zweitens diesem nicht wichtig ist, was Euch wichtig ist. Vergeßt nicht, daß Ihr einen Hexencoven jederzeit verlassen könnt!

Amulett

Frosch oder Kröte mit Halbmond.
Scamo, Abruzzen, Silber, 18. Jhd.

Mondanhänger

... genannt Aoh.
Surafeh, Ägypten, koptische Zeit, Bronze.

Steinadlerkralle

Gefaßt in Silber, 18. Jhd.

Habichtskralle

... soll als Geldzauber wirken,
da der Habicht als verwegenster
und gierigster heimischer
Raubvogel gilt. 17. Jhd.

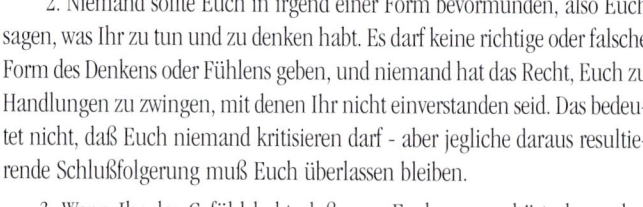

Fasanenkralle

In Silberfassung, 16. Jhd.

2. Niemand sollte Euch in irgend einer Form bevormunden, also Euch sagen, was Ihr zu tun und zu denken habt. Es darf keine richtige oder falsche Form des Denkens oder Fühlens geben, und niemand hat das Recht, Euch zu Handlungen zu zwingen, mit denen Ihr nicht einverstanden seid. Das bedeutet nicht, daß Euch niemand kritisieren darf - aber jegliche daraus resultierende Schlußfolgerung muß Euch überlassen bleiben.

3. Wenn Ihr das Gefühl habt, daß man Euch zwar zuhört, dann aber dort fortfährt, wo man vor Eurem Einwurf stehengeblieben war, solltet Ihr Euch ebenfalls nach Alternativen umsehen. Ihr solltet immer das Gefühl haben, ernst genommen und nicht wie unwichtige Mitläufer belächelt oder übergangen zu werden. Mit Euren Ideen, Gedanken und Eurer Kritikfähigkeit - einfach mit Eurem gesunden Menschenverstand - habt auch Ihr jeder Gruppe etwas zu geben, weshalb kein Coven das Recht hat, Eure Einsichten oder Bedürfnisse zu ignorieren.

4. Ein weiteres Merkmal eines guten Kreises ist seine Streitkultur. Werden Probleme oder Unstimmigkeiten angesprochen oder immer nur weiter verschleppt? Werden im gemeinsamen Gespräch Lösungen gefunden, oder entscheidet eine Person über die Köpfe der anderen hinweg? Versuchen die Mitglieder, einander ausreden zu lassen? Können die Mitglieder ihre Gefühle zum Problem äußern, ohne dafür von anderen angegriffen zu werden? Sprechen die Mitglieder in der Ichform, oder beschuldigen sie immer andere? Wie steht der Kreis überhaupt zu Streitgesprächen - werden diese durchgeführt, wenn der Anlaß besteht, und dann wieder eingestellt, oder wird alles nur Mögliche versucht, um sie zu vermeiden? Vielleicht streiten sich die Covenmitglieder sogar dauernd, oder es herrscht ständig eine leicht gereizte Atmosphäre? Ist der Kreis in der Lage, sogenannte «Konsens-Entscheidungen» zu fällen - also Lösungen zu finden, mit denen alle einverstanden sind, oder entscheidet die Mehrheit oder sogar nur eine oder zwei Personen? Fragt offen nach, wie Unstimmigkeiten gehandhabt werden - und findet heraus, ob Ihr ebenfalls damit umgehen könnt.

5. Habt Ihr das Gefühl, daß die Mitglieder des Kreises auch über die gemeinsamen magischen Interessen hinaus freundschaftlich miteinander verbunden sind? Treffen sie sich nur für magische Sitzungen und Rituale, oder gehen sie auch einfach mal miteinander wandern, sehen sich zusammen einen Film an oder veranstalten einen gemeinsamen Grillabend? Möchtest Du selbst so viel oder so wenig »Kontakt« über die Kreislinie hinaus?

6. Will irgend jemand von Euch mehr Geld haben als zur Deckung des gemeinsamen Kerzen- und Räucherwerkverbrauchs notwendig? Liegen Quittungen für den Kauf dieses Ritualmaterials vor, die Ihr jederzeit einsehen könnt? Müssen Neulinge sich an Kosten beteiligen, von deren Nutzen sie nichts

haben, weil die davon angeschafften Dinge nur den »höher Eingeweihten« zur Verfügung stehen? Wer die Bereitschaft eines Interessenten durch die Forderung finanzieller Leistungen zu »testen« versucht, disqualifiziert sich selbst!

7. Sind die Mitglieder des Kreises einander gleichberechtigt, oder habt Ihr das Gefühl, einige seien wichtiger als andere? Wenn es eine Rangordnung (Hierarchie) gibt: Ist diese eindeutig auf die Rituale und alle diesbezüglichen Angelegenheiten beschränkt, oder nehmen sich im Kreis höherrangige Personen das Recht heraus, auch über andere Angelegenheiten der übrigen Mitglieder zu entscheiden?

8. Wird in irgend einer Form Druck auf einzelne oder alle Mitglieder ausgeübt? Gibt es Dinge, die Ihr auf keinen Fall tun dürft oder auf jeden Fall tun müßt, um im Kreis bleiben zu können? Sind das vernünftige Forderungen (wie zum Beispiel der Anspruch, keine Schadensmagie zu betreiben) oder habt Ihr das Gefühl, etwas Wesentliches von Euch aufgeben zu müssen, wenn Ihr Euch diesen Bedingungen unterwerft? Hier wäre ein Beispiel die Forderung, nur Partnerschaften innerhalb der Gruppe einzugehen.

Braucht man unbedingt einen persönlichen Lehrer?

Ja. Aber wer sagt, daß es sich dabei unbedingt um einen Menschen in einer Hexenrobe handeln muß?

Viele Hexen sind der Ansicht, daß ihnen alles, was sie so erleben, von den Göttern geschickt wurde, damit sie daraus lernen und so wachsen können. Vor allem dann, wenn wir mit etwas Schwierigkeiten haben, kann uns diese Situation oder die daran beteiligten Menschen zum Lehrmeister werden. Aber auch, wenn es mal nicht überall qualmt, sondern wir einfach an uns arbeiten oder nähere Informationen über bestimmte magische und mystische Zusammenhänge haben wollen, wenden wir uns gerne an einen Baum, ein Haustier oder treten in Ritual, Trance oder Traum mit Wesenheiten in Verbindung, die uns weiterhelfen können.

Natürlich ist es einfacher, sich zur Hexe ausbilden zu lassen, wenn man dabei auf die Hilfe eines Menschen zurückgreifen kann, der mit solchen Dingen bereits ein gewisses Maß an Erfahrung hat. Aber damit ist nicht garantiert, daß diese Person Euch das geben kann, was Ihr ganz speziell benötigt. Vielleicht sind Eure »Wellenlängen« ähnlich genug - vielleicht aber will ein Lehrer bei all seiner Erfahrung und Weisheit auch ganz woanders hin, als Ihr mit Eurem Leben plant, und dann wird er Euch nur wenig weiterhelfen können.

Schlüssel

... gelten seit alten Zeiten als magische Werkzeuge zum Öffnen „innerer" Türen. 17./18. Jhd.

Und um hier mal ganz ehrlich Klartext zu reden: Wir vermuten, daß die allermeisten Hexen im deutschsprachigen Raum ihren Weg zum Hexenkult ganz ohne einen Lehrer oder eine Lehrerin gemacht haben - einfach deshalb, weil es hier sehr viel weniger Leute gibt, die unterrichten (und auch dazu geeignet sind), als solche, die Einweisung suchen. Und aus vielen von ihnen sind dennoch verflixt gute Hexen geworden.

Wenn man Mitglied des Hexenkults werden will, kann es durchaus sinnvoll sein, sich auch über längere Zeit nach einer Person umzusehen, die damit schon Erfahrung hat und diese zu teilen bereit ist. Aber das soll Euch nicht davon abhalten, bis zu deren Auftauchen - oder auch ganz ohne - selbst mit naturreligiösen Techniken und Ritualen zu arbeiten.

Einen objektiven Überblick über die Szene, ein fundiertes Grundwissen und die wirklich eigene Meinung kann man sich als Hexen-Newbie sowieso zuverlässiger bilden, wenn man sich, besonders am Anfang, von niemandem reinreden läßt. Und wenn man dabei ein paar Punkte beachtet.

1. Lest Euch gut und gründlich in die Materie ein. Im Anhang findet Ihr ein paar Buchtitel, die Euch da schon ein recht großes Stück weiterhelfen können.

2. Wenn Ihr möchtet, geht nicht ganz alleine ran, sondern sucht Euch ein paar möglichst gleichaltrige Freunde zusammen, die sich ebenfalls für den Hexenkult interessieren. Werft Eure Ideen, Gedanken und Gefühle in einen Topf und macht auch gemeinsam Manöverkritik.

3. Seid so selbstehrlich wie möglich. Wenn etwas nicht klappt, dann tut nicht so, als wenn es funktioniert hätte, sondern steht dazu, bedenkt das Ganze und versucht herauszufinden, warum sich nichts getan hat.

4. Wenn es Euch möglich ist, vertraut Euch der Führung einer höheren Macht an. Wählt eine Gottheit, deren Aufgabenbereich Euch für diesen Job angemessen erscheint, und bittet sie in Gebet wie auch Anrufung um ihren Schutz und ihre Unterstützung. Dafür müßt Ihr nicht die Religion wechseln, aber Ihr solltet Euch mit der gewählten Wesenheit schon wohl fühlen. Achtung, hey, kommt uns aber bloß nicht mit solch blöden Sprüchen wie »Die Göttin befahl mir, die Schule zu schwänzen«.

5. Führt kein einziges Ritual aus, ohne Euch zu Beginn zu erden, und verzichtet möglichst nie auf einen Schutzkreis. So vermeidet Ihr, daß Eure Energie »versickert«.

6. Seid offen für Zufälle, Gleichzeitigkeiten oder Ereignishäufungen, die sich im Zusammenhang mit Eurer Arbeit einstellen können. Oft sind solche Hinweise nicht auf den ersten Blick erkennbar, aber sie sind durchaus in der Lage, Euch weiterzuhelfen - wenn Ihr sie entschlüsseln könnt.

7. Nehmt die Sache ernst, aber nicht bierernst. Versucht, auch mal über Euch selbst zu lachen und vergeßt nicht, daß der Hexenkult eine Philosophie der Lebensfreude und Lebenskraft ist! Wenn Ihr Euch ständig ausgelaugt, müde und todernst aus dem Kreis begebt, stimmt etwas nicht bzw. dann reden wir hier aneinander vorbei.

8. Sorgt dafür, daß es nach jedem Ritual etwas Handfestes zu essen gibt. Das ist keine Anfängerregel, sondern wird von jeder echten Hexe beachtet, denn es hilft, sich zu erden und mitsamt der im Ritual gewonnenen Einsichten, Kräfte oder Gefühle wieder im Alltag zu integrieren. Es eignet sich alles, was gut gekaut werden muß - Brot (vorzugsweise Vollkorn, weil es fester und erdiger als Weißbrot ist, das nicht umsonst auch Feenbrot heißt), Fleisch oder Käse sind hier keinesfalls verkehrt. Findet heraus, worauf Ihr nach Ritualen oft Appetit habt und stellt es bereit. Ein guter Appetit ist ein Zeichen dafür, daß das Ritual gut gelaufen ist!

Magie check liste

Ist die Szene wichtig, um als Hexe voranzukommen?

Sie hat Vor- und Nachteile, aber unbedingt nötig ist sie nicht. Ihr Vorteil besteht unter anderem darin, daß man sich austauschen kann und so auch die Techniken, Arbeits- und Sichtweisen anderer Leute kennenlernt. Das kann dabei helfen, nicht »betriebsblind« zu werden. Andererseits aber treiben sich in der »Szene« auch eine Menge eher fragwürdige Typen herum, die man gerade als Hexen-Newbie nicht immer auf Anhieb erkennt. Jeder meint, die Wahrheit gepachtet zu haben, und nur wenige Leute sind in der Lage, Euch Eure eigene Meinung auch dann zu lassen, wenn sie mit der ihren nicht übereinstimmt. Szene kann viel Spaß machen, weil man sich zu öffentlichen Ritualen, Festen, Hexenstammtischen und anderen Events trifft, aber ob sie einen auch wirklich weiterbringt, ist eine andere Frage.

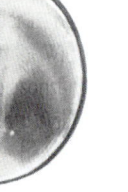

Bergkristallkugel

... in Silberbändchen gefaßt, mit Drahtöse.
Durchmesser ca. 39mm,
frühes Mittelalter, Rheinland.

Bergkristallkugel

... in Silberbändchen gefaßt, mit Drahtöse.
Durchmesser ca. 30mm,
frühes Mittelalter, Rheinland.

Bergkristallkugel

... in Silberbändchen gefaßt, mit Drahtöse.
Durchmesser ca. 55mm,
frühes Mittelalter, Kent, England.
Diese Kugel fand man zusammen mit zwei
fein gearbeiteten Löffeln, die wohl am Gürtel
der bestatteten Frau angebracht waren.

KAPITEL 7
NUN BIN ICH
EIN HEXEN-NEWBIE -
WIE GEHT'S WEITER?

Hexen-Freunde

Ähnlich wie bei den Klamotten sieht es auch bei den Menschen aus, die in eben diesen stecken. Wählt jene, denen Ihr vertrauen wollt, unter den Hexen am besten nicht anders wie Ihr es bei den Nichthexen haltet, denn auch im Hexenkult gibt es solche und solche.

Was Euren bereits bestehenden Freundeskreis angeht, den sollt Ihr natürlich weiterhin pflegen! Wir hoffen sogar, daß Euch das möglich ist, denn dann habt Ihr nette und tolerante Freunde, die diese Bezeichnung wirklich verdienen. Es hat Fälle gegeben, in denen Hexen-Newbies ein oder zwei Freunde verloren haben, weil diese mit dem Beitritt des Newbies zum Hexenkult nicht umgehen konnten oder wollten. Vielleicht sind solche Leute keine wahren Freunde, oder vielleicht hat man sich auch einfach nur auseinandergelebt, aber weh tut es trotzdem. Wenn Ihr nicht sicher seid, was Euch diesbezüglich erwartet, könnt Ihr dieses oder ein anderes Buch über den Hexenkult ja einfach mal mitnehmen und mit einem Kommentar á la »Ist mir gerade über den Weg gelaufen - sagt mal, was ihr davon haltet!« Euren Freunden zeigen. Dann werdet Ihr sehen, wie sie reagieren, und wenn die Antwort zu ablehnend ist, braucht Ihr Eure Hexenaktivitäten ja nicht öffentlich zu verkünden.

Ach ja, Schullehrer: Die neigen zwar nicht immer, aber doch sehr oft dazu, erstens keine Ahnung vom Hexenkult zu haben und deshalb zweitens sofort einen akuten Anfall von Sektenangst zu bekommen, wenn ihnen einer ihrer Schüler erzählt, er habe sich mit uns eingelassen. Auf Diskussionen zu diesem Thema solltet Ihr Euch unserer Ansicht nach aber nur einlassen, wenn der betreffende Lehrer oder die Lehrerin fairerweise bereit ist, zunächst einmal ein oder zwei Bücher zu diesem Thema zu lesen - und zwar auch welche, die von Hexen geschrieben wurden. Außerdem könnt Ihr solche Hexen-

kritiker auch jederzeit einladen, uns ihre Gedanken auf unserer Homepage zur Diskussion zu stellen! Das macht Spaß, weil es den Geist auffrischt und auch uns immer wieder neue Perspektiven bringt.

Hexen-Sex

Unter keinen Umständen, aus keinem Grund und mit keiner wie auch immer gearteten Autorität darf im Hexenkult jemand von Euch Sex verlangen, wenn Ihr es nicht wollt. Vor allem Frauen sollten wissen, daß Tatschereien und Grabschgeschichten hier sehr, sehr ungern gesehen werden - sprich: Wenn Euch so etwas trotzdem passiert, haut bloß schnellstens ab, denn dann sind es keine echten Hexen! Einer unserer Grundsätze ist, daß über unseren Körper wir selbst bestimmen und niemand sonst. Es gibt absolut keinen einzigen Grund für uns, mit jemandem intim zu werden, wenn wir das nicht wollen.

In einem echten Hexenkreis wird man Euren Willen und Eure Freiheit, selbst über alles Euch Betreffende zu entscheiden, gerade im Punkt Sex unbedingt achten.

Abgesehen von dieser Grundmaxime stehen wir der Angelegenheit allerdings ziemlich locker und freudvoll gegenüber. Unserer Meinung nach ehren wir unsere Götter, wenn wir einander gegenseitig auch körperliche Freude bereiten. Eines unserer heiligsten Rituale beruht sogar auf der sexuellen Vereinigung von Göttin und Gott, wird aber meistens symbolisch ausgeführt. Dann hält die Priesterin, welche die Göttin verkörpert, den Kelch vor sich hin, während der den Gott verkörpernde Priester seinen Dolch (in manchen Kreisen seinen Stab) hineintaucht.

Sexualität ist für uns eine enorme, wunderbare und lebenspendende Kraft. Gerade deswegen muß sie freiwillig geschehen, denn sonst war's das mit der Freude. Wir sind der Ansicht, daß sie diese Qualitäten am ehesten beibehält, wenn sie in Maßen genossen wird, weder zu oft noch zu selten. Hier muß jeder selbst herausfinden, wo sein gesundes Mittelmaß liegt. Unsere sexuelle Moral dagegen ist uneingeschränkt, wir haben keine Probleme mit Homosexualität, erwarten aber, daß sich alle Hexen gleichermaßen an die Prinzipien der Selbstbestimmung und Achtung halten.

Übrigens ist es auch im Hexenkult kein Widerspruch, sich für die Ehe aufzuheben, wenn man das möchte.

Hexen-Alltag

Sind Hexen jetzt also »Normale« oder nicht? Gibt es diese Normalen überhaupt? Was ist das eigentlich - die Norm, also was die meisten Leute machen oder sind? Macht diese Norm wirklich gleich? Natürlich gehen je-

Keuschheitsgelübde

... bei Priesterinnen und Priestern der verschiedenen Hexenkulte gab es noch bis ins Mittelalter hinein, um ihren Körper nur für die Götter zur Verfügung zu stellen.

den Morgen mehrere Millionen Menschen zwischen sechs und neunzehn Jahren in diesem Land in die Schule; das sieht schon recht gleich aus. Ist es aber nicht. Wer in einem hundert Jahre alten, ehrwürdigen Gymnasium sitzt und büffelt, fühlt sich unter Garantie ganz anders als jemand, der in seiner nagelneuen Gesamtschule von einem Kurs zum nächsten flitzt. Die eine sitzt an der Kasse, während der nächste Bäume pflanzt und Hecken schneidet, eine andere arbeitet in weiß gekachelter Umgebung und horcht Patienten ab, während wieder ein anderer seinen Job von zu Hause aus tut. Die vielbeschworene »Normalität«, jener Rahmen, innerhalb dessen alles gleich und deshalb irgendwie in Ordnung ist, gibt es gar nicht. Jeder von uns hat seinen ganz eigenen Stil, und wir Hexen sind nur eine der vielen Facetten davon. Wenn Ihr so wollt, hat doch jeder irgendwo eine Leidenschaft - oder eine Macke, wie man es eben nimmt. Unsere ist halt der Natur-und-Magie-Tick.

Nein, unsere Besonderheit ist eine bestimmte innere Haltung, eine Art, zu denken und daraus unser Handeln abzuleiten. Wenn man die Erde als lebendiges, sich ihrer selbst bewußtes und auf ihre eigene Art intelligentes Wesen kennengelernt hat, fällt es weitaus schwerer, mal eben eine Fuhre Müll in den Wald zu kippen oder das Ölleck am Auto fröhlich weiter vor sich hin tropfen zu lassen. Und wenn man begriffen hat, daß wir Menschen ebenfalls Teil dieser intelligenten und wertvollen Schöpfung sind, daß wir nicht beobachtend danebenstehen, sondern auch Natur sind, dann tritt man einem anderen eben nicht ins Gesicht - weder metaphorisch noch real.

Viele Hexen erzählen den Leuten in ihrer Umgebung nicht, was sie tun, und werden außer von anderen Hexen auch nicht erkannt. Doch manchmal merken die Menschen um sie herum, daß an dieser Person etwas Besonderes ist, das sie anzieht und oft auch nachdenklich werden läßt. Mal sind es besonders lebendige Augen, die eine große Lebensfreude ausstrahlen, ein anderes Mal fallen vielleicht ganz eigene Ideen auf, wie sie nur jemand hat, der wie eine Hexe mit der Natur umgeht. Viele von uns sind für unsere Toleranz bekannt, und einige haben ganz schön Kraft. Oft sind es solche Aspekte, die anderen an uns auffallen, ohne daß wir uns gleich als Hexen zu erkennen geben.

Äh, ja - soviel des Lobgesangs. Der Fairneß halber sollten wir auch von von jenen Hexen berichten, die eher durch fanatische Ablehnung des Christentums und engstirnige Verurteilung von »Normalos« auffallen als durch große magische Qualitäten. Das muß Euch aber nicht schockieren. Der Hexenkult bietet jedem Menschen, der sich durch ihn angesprochen fühlt, die Möglichkeit, sich auf außergewöhnliche und positive Weise zu entwickeln. Manche nutzen diese Chance, andere nicht!

Maskenhelm

... mit sog. Schembart-Visier und
echten Mufflon-Hörnern.
Innsbruck, Österreich, um 1510.

Die Religion der Hexen

Manche Hexen bleiben Christen, und einige bedienen sich nur der naturmagischen Techniken, leben aber darüber hinaus keine Religion. Hie und da gibt es ein paar Querläufer, die den Hexenkult um den Satanismus erweitern, aber das sind zwei völlig verschiedene Dinge - was auf den ersten Blick schwer zu erkennen sein mag, weil auch Satanisten sich gerne als Hexen bezeichnen. Für Euch ist in diesem Zusammenhang nur wichtig, auf das zu schauen, was nach dem Komma kommt: Steht da »Hexe, satanistisch« ist das nicht unser Laden. Findet Ihr aber »Hexe, Hexenkult/moderne Naturreligion« seid Ihr bei uns gelandet. Parkt Eure Besen da drüben und seid willkommen!

Wie die Christen sind auch wir der Ansicht, daß die Welt dual, also in Gegensatzpaare aufgeteilt ist, doch ist bei uns die Hauptdualität nicht Gut und Böse (verkörpert durch Gott und den Teufel), sondern das männliche sowie das weibliche Prinzip. Deshalb sind die wichtigsten Gestalten unserer Religion die Göttin und der Gott. Unsere Riten dienen der Feier ihres Miteinanders.

Mit Ausnahme der wenigen christlichen Hexen hat unsere Religion nichts mit dem Christentum zu tun, weil sich die meisten Hexen auf religiöse Vorbilder berufen, die vor dem Christentum existiert haben oder heute außerhalb desselben bestehen. Der Wicca-Kult wiederum ist eigentlich gar keine Religion, sondern eine Philosophie, ein Glaubenssystem, in dem alle Religionen Platz haben. Da für die Wiccas alle Göttinnen nur unterschiedliche Erscheinungsformen der Urgöttin und alle Götter nur unterschiedliche Erscheinungsformen des Urgottes sind, kann in Wicca-Ritualen jede Gottheit angerufen werden, die jemals auf diesem Planeten verehrt worden ist oder noch verehrt wird- auch wenn die meisten Wiccas Wert darauf legen, sich ihre Gottheiten aus naturreligiösen Umgebungen wie dem alten Griechenland, Rom, dem antiken Nahen Osten, der keltischen oder skandinavischen Kultur, dem Hinduismus und vielen anderen zu suchen. Ab und zu tauchen sogar Namen von Göttergestalten auf, von denen außer einer kleinen Minderheit noch niemand sonst auf der Welt gehört hat. Das ist eine uralte Tradition: Bereits in vorchristlichen Zeiten gaben Menschen ihren Gottheiten neue, nur ihnen bekannte Namen, um sich auf diese Weise einen ganz eigenen Zugang zu diesen Kräften zu sichern.

Wie wähle ich meinen Hexennamen?

Eine unserer Lehrerinnen hat zum Thema magische Namen mal gesagt: »Wähle den Namen einer Person, eines Baums oder eines anderen Wesens, von dem du viel gelernt hast oder mit dessen Zielen du dich identifizierst.« Schön und gut, aber vor allem die Sache mit dem Identifizieren hat uns eine Unmenge an Morgaines, Morganas und Morganes gebracht, die kein Mensch mehr auseinanderhalten kann. Bedenkt bei der Namenswahl: Jeder von uns ist absolut einzigartig, und so ist auch jeder von uns ein wenig Mühe wert, wenn es darum geht, sich einen neuen Namen zuzulegen. Namen formen den Menschen, der ihn trägt, und dieser wirkt umgekehrt wieder auf den Namen ein.

Es braucht viel Zeit, um den wahren magischen Namen zu finden, weshalb viele Menschen im Laufe ihres Lebens mehrere führen. Oft verändert sich eine Person oder ihr Verhältnis zum gewählten Namen (also zu dem, was dieser für die Person repräsentiert) so sehr, daß ein neuer gewählt wird. Dies sollte aber nur in Ausnahmefällen geschehen, denn wenn man alle fünf Minuten den magischen Namen wechselt, hat dieser keine große Bedeutung mehr.

Damit sind wir bei einem wichtigen Punkt angelangt: Was für eine Bedeutung hat so ein Name eigentlich, und warum wählen viele Menschen einen neuen magischen Namen? Zum einen geht diese Tradition auf mittelalterliche Verhältnisse zurück, unter welchen die Ausübung der Hexenkunst sowie die Zugehörigkeit zur Alten Religion von der christlichen Kirche bei Todesstrafe verfolgt wurde und diente somit der Tarnung. Obwohl wir das heute eigentlich meist nicht mehr nötig haben, hat doch gerade das Internet die Verwendung von Tarnnamen wieder richtig »modern« gemacht. Ein anderer Punkt besteht auch einfach darin, dem Trend zu folgen, um »in« zu sein - was nach Ansicht einiger Hexen durchaus legitim ist, solange es sich auf spielerischer Ebene wie im Internet vollzieht, bei wichtigeren Dingen wie der Ausübung der Alten Religion jedoch fehl am Platze ist. Andere Hexen meinen jedoch, daß auch der Wunsch, einem Trend zu folgen, ein Aufhänger für Weiterentwicklung sein kann. Schlußendlich bestand und besteht noch heute in vielen Religionen die Tradition, Menschen mit einem nur ihnen selbst oder ihrer engsten Familie bekannten zweiten Namen zu versehen bzw. Anwärtern auf die Priesterschaft anläßlich ihrer Initiation (Einweihung) einen neuen Namen zu geben, da der Akt der Initiation die Wiedergeburt symbolisiert.

Daraus wird ersichtlich, wie viele verschiedene Funktionen ein magischer Name haben kann, und entsprechend unterscheiden sich auch die Umgangsweisen damit. Wer ihn wählt, um sich damit nach außen hin deutlich zu kennzeichnen, wird diesen Namen von nun

Preisfrage: Wie schafft es ein Mann, daß sich mindestens jede zweite Frau nach ihm umdreht? Ganz einfach: Er stellt sich in eine Hexenversammlung und ruft laut »Hallo Morgana!«

an in allen Lebenssituationen tragen und sich damit ansprechen lassen, soweit dies möglich ist. Auch wer den neuen Namen als Symbol einer inneren Wiedergeburt sieht, kann, muß aber nicht so verfahren, denn da ist noch eine andere Seite der Medaille zu beachten: Hier werden sogenannte »wahre Namen« gesucht; es geht also um eine Beschreibung des wirklichen, inneren Selbst einer Person oder zumindest sehr intimer und sensibler Bereiche der Persönlichkeit. Ein altes magisches Gesetz sagt aber: »Wenn du den wahren Namen einer Sache oder einer Person kennst, so hast du Macht über diese«. Ähnlich sind Feen oder Geister in vielen alten Legenden beschwörbar, indem man deren wahren Namen dreimal ausspricht. Auch dies ist ein Symbol, welches ausdrückt, daß ich jene Dinge oder Personen beherrschen kann, die ich wirklich kenne. Nun verrät selbst ein gut gewählter magischer Name noch immer nicht alles, aber dem aufmerksam Hörenden doch eine ganze Menge über die ihn tragende Person, weshalb ihn viele Menschen nur im Ritual oder im Kreis vertrauter Menschen verwenden. Andere wiederum betrachten die Verwendung des magischen Namens außerhalb eines heiligen Rahmens wie dem des Rituals als eine Profanisierung (Verweltlichung), welche den Namen seiner Kraft beraubt.

Es ist übrigens keineswegs zwingend notwendig, einen magischen Namen zu tragen, um magisch oder spirituell zu wachsen. Oft enthält zum Beispiel der Geburtsname oder jener, den ein Mensch nach einer Eheschließung trägt, einen großen Teil dessen, was seine Aufgaben und auch seine Persönlichkeit in diesem Leben ausmachen, weshalb es sich durchaus lohnt, auch einmal nach der Bedeutung jenes Namens zu forschen, den unsere Eltern uns nach unserer Geburt gegeben haben. Es gibt zu guter Letzt auch genug Hexen, die sich gar nicht um Namen scheren. Sie möchten den Menschen direkt ins Herz und nicht in den (Hexen-)Personalausweis sehen.

teen 128 witch

Namenssuche

Ritual

Falls Du bereits eine Vorauswahl unter bestimmten Namen getroffen hast oder die Bestätigung für einen bestimmten erwünschst, macht es Sinn, diese/n auf einen Zettel zu schreiben, den Du gut sichtbar auf den Altar legst. Dieser Zettel sollte aus einem besonderen Papier bestehen und schön beschrieben sein. Ein ästhetisch gestalteter Computerausdruck mag zwar schön aussehen, trägt aber nicht die Magie Deiner eigenen Handschrift. Es ist aber auch möglich, das Ritual ohne eine solche Vorauswahl durchzuführen und anhand dessen, was Du siehst und erfährst, nach einem passenden Namen zu suchen.

Nimm Dir einen ruhigen Augenblick und sorge dafür, daß Dich nichts stören kann. Nimm Dir etwas Papier und einen Stift, ziehe Dich dann an Deinen Altar zurück, ziehe den Kreis und rufe die Elemente. Erkläre ihnen bei der Anrufung, was Du tun möchtest und bitte um ihre Hilfe dabei. Dann erde Dich und rufe die Göttin - einfach so oder mit dem Namen einer Gottheit, die Dir jetzt als besonders hilfreich erscheint. Entzünde eine Kerze für sie, erkläre auch ihr Dein Anliegen und bitte um ihre Hilfe bei der Suche.

Nimm dann eine Kerze, die für Dich steht - vielleicht in einer Farbe, die Du besonders magst, oder die dem Element entspricht, zu dem Dein Geburtssternzeichen gehört. Reibe die Kerze mit einem ätherischen Öl ein, das Du sehr magst oder in dessen Eigenschaften Du Ähnlichkeiten mit Dir selbst entdeckst. Gehe dabei sehr umsichtig und zärtlich vor, als wenn Du Dich tatsächlich selbst in den Händen hieltest, und konzentriere Dich auf Dich selbst. Wie fühlst Du Dich gerade in Dir? Welche Teile Deines Körpers sind warm, welche kalt? Geht es Dir gut? Bist Du aufgeregt? Was alles bist Du gerade?

Wenn Du alle Teile der Kerze eingeölt hast, stellst Du sie wieder in ihren Ständer und entzündest sie. Setze Dich vor den Altar und versuche, noch ein wenig ruhiger, tiefer und entspannter zu werden. Falls Du einen Zettel mit Namen geschrieben hast, kannst Du diesen nun ausgiebig betrachten, um Dir die Namen nochmals einzuprägen.

Schaue nun zu jener Kerze, die Du für die Göttin entzündet hast, und sage deutlich:

»Mein Ziel ist bekannt.
Meine Reise beginnt.
Mein wahrer Name
möge sich mir nun offenbaren.«

Wenn Du mit dieser Formulierung absolut nicht leben kannst, steht es Dir
jederzeit frei, eine andere zu erschaffen. Viel wichtiger ist, daß Du mit
dem Wortlaut in völliger Übereinstimmung stehst und es einfach für
Dich »stimmt«. Das gilt übrigens für jede Form der Wortmagie.

Schaue dann für einige Augenblicke direkt in die Flamme jener Kerze, die
Dich selbst verkörpert. Versuche, dabei so wenig wie möglich zu
denken und eine Atmosphäre zu erzeugen, die so konzentriert und
dicht wie möglich ist - bis es richtig um Dich herum »brummt«. Und
dann schließt Du die Augen.

Versuche nicht, Dir etwas Bestimmtes vorzustellen oder Deine inneren
Bilder, Gedanken und Gefühle auf irgend eine Weise zu lenken oder zu
beeinflussen. Du kannst jetzt nichts falsch machen; was auch immer
gerade in Dir auftaucht, hat eine Bedeutung oder soll Dich zu einer
wichtigen Botschaft führen. Lasse den Strom Deiner Gedanken,
Gefühle und Bilder laufen, wie er kommt. Schaue einfach nur
aufmerksam zu. Lasse jede Entwicklung zu, die sich ergibt, auch wenn
sie noch so peinlich, unwichtig, anzüglich oder albern erscheinen
mag. Oft stellen gerade solche Bilder Abwehrmechanismen dar, hinter
denen sich die wahren und bedeutsamen Botschaften befinden. Lasse
alles zu, lasse alles geschehen - so lange, bis die Flut der Bilder
langsam abflaut.

Öffne dann wieder die Augen und schreibe sofort alles nieder, was Dich
besonders berührt hat oder Dir aus anderen Gründen im Gedächtnis
geblieben ist. Danach bedankst Du Dich bei der Göttin und den
Elementen, verabschiedest Dich von ihnen, löschst die Kerzen und
öffnest den Kreis. Nun gehst Du am besten sofort ins Bett; nimm das
Papier und den Stift mit. Es ist gut möglich, daß Du im Verlauf der
folgenden Nacht Träume hast, die mit der Wahl Deines Namens in
Verbindung stehen. Notiere deren Inhalt sofort nach dem Erwachen,
bevor er sich Dir entzieht.

Sieh Dir das auf diese Weise gesammelte Material einige Tage lang immer
wieder an, bevor Du eine Entscheidung triffst. Laß diese sich richtigge-
hend herauskristallisieren. Beim nächsten Vollmond wähle dann - und
Du kannst sicher sein, es gut getroffen zu haben.

Welche Hobbies »ziemen« sich für eine Hexe?

Du meine liebe Güte - nun tut schon, was Euch Spaß macht! Okay, viele Hexen fangen durch ihre Beschäftigung mit der Kunst bald an, sich für recht »hexen-typische« Dinge zu interessieren. Da gibt es eine Menge Gebiete, in die hineinzuschauen sich lohnt - seien es Kräuter, Edelsteine, alternative Heilweisen, Kulturgeschichte, Gewandkunde, Sagen, Legenden, vergleichende Religionswissenschaft, Soziologie, Ethnologie, Mythologie oder was auch immer. Falls Euch eines oder mehrere dieser Gebiete interessieren - schön, aber selbst Hexen, die einen Doktor in Ethnobotanik haben, basteln gerne an ihrer Modell-Eisenbahn, fahren am Wochenende Rad oder sammeln Comics. Je weiter Eure Interessen gestreut sind, umso besser! Es gibt keine Beschäftigungen, die einer Hexe unwürdig sind, es sei denn, sie wären krimineller oder auf eine andere Weise schädigender Natur. Die Gesetze der lebendigen, heiligen Schöpfung lassen sich in all ihren Aspekten wiederfinden - natürlich auch beim Briefmarkensammeln!

Einsam, zweisam, dreisam? Oder doch lieber ein Zirkel?

Eigentlich könnt Ihr die Frage, ob Ihr lieber alleine oder mit anderen zusammen magisch arbeiten wollt, erst dann entscheiden, wenn Ihr beides erlebt habt, denn es handelt sich dabei um ziemlich unterschiedliche Gefühle und Energien. Beide Varianten haben Vor-, aber auch Nachteile. Jemandem, der alleine arbeitet, redet niemand drein, er kann immer genau das tun, was er sich für ein Ritual vorgenommen hat, und bei jeder Zeremonie ist ausgiebig Zeit für seine eigenen Wünsche und Bedürfnisse. In einer Gruppe spricht man die Gestaltung eines Rituals miteinander ab, und manchmal muß ein nicht so vordringlicher Wunsch einer Person zugunsten des dringenderen einer anderen zurückstehen. Hier ist Rücksicht und Miteinander geboten. Dafür bietet die Gruppe eine Form des Feedbacks, die der allein Arbeitende nicht hat. Die Mitglieder einer Gruppe nehmen einander liebevoll wahr und tauschen sich gegenseitig aus. Sie bringen ihr Wissen zusammen und teilen sich die vielen kleinen Aufgaben, aus denen sich ein Ritual zusammensetzt. Auch ist die von einer Gruppe beschworene magische Kraft oft weitaus stärker als die einer einzelnen Person, während die Beschwörung gleichzeitig viel leichter fällt. Dafür hat sich eine Gruppe mit den typischen gruppendynamischen Prozessen herumzuschlagen. Am meisten spricht für die Gruppe jedoch unserer Ansicht nach die Verbindung mehrerer Hexen, die sich oft sehr herzlich, unterstützend und humorvoll gestaltet.

Natürlich gibt es auch unter den Hexen echte Einzelgänger, die lieber alleine bleiben wollen und auch sollten. Wer erfahren hat, wie man sich Bäume, Steine und das ganze Leben zum Lehrer machen kann, hat auch auf diesem Weg die Möglichkeit, bedeutsame Erkenntnisse zu erlangen, als Persönlichkeit zu wachsen und mächtige Magie zu erfahren.

Egal, wie Eure Vorlieben aussehen mögen, Ihr werdet auch nicht mehr falsch machen, als ihr eben daraus lernen könnt. Hier zählt vor allem der gute Wille - die Götter scheinen das nämlich ganz schnell mitzukriegen und steigen dann gerne helfend ein!

Übrigens: Ein Hexenkreis muß nicht groß sein. Traditionell hat ein Wicca-Kreis mindestens vier Mitglieder (eine Hohepriesterin, ein Hohepriester und zwei sogenannte Alte, also erfahrenere Hexen) und darf maximal dreizehn Personen zählen. Mit der vierzehnten spaltet sich dann vom Muttercoven ein Tochtercoven ab, wobei die Mitglieder frei entscheiden, wer im alten Kreis bleibt und wer mit in den neuen geht. Unserer Erfahrung nach lassen sich Kreise mit fünf bis neun Leuten sehr gut handhaben; man hat auf der einen Seite genug Leute, die sich um alles kümmern, kann aber auf der anderen Seite auch noch gut dafür sorgen, daß von diesen Leuten keiner zu kurz kommt. Doch selbst, wenn Ihr Euch zu zweit oder zu dritt wiederfinden solltet, hält Euch nichts davon ab, Rituale auszuführen und auch sonst alles zu tun, was Hexen eben so einfällt. Die Arbeit im Kreis stellt immer eine interessante Herausforderung dar, denn eine Gruppe zu leiten, im Gleichgewicht zu halten und eine klare Kommunikation zwischen allen Beteiligten zu schaffen, ist gar nicht so einfach. Hexenkreis - das bedeutet immer »Wachstum garantiert«.

Gruendung eines Hexenkreises

Ritual

Herzlichen Glückwunsch! Dies ist ein Fest, das viele gerne feiern würden, und Ihr habt es geschafft! Wir wünschen Eurem Coven alles, alles Gute, viel Liebe und gegenseitiges Verständnis. Wachst und gedeiht im Namen der Göttin der Hexen!

Lest Euch dieses Ritual genau durch, bevor Ihr zur Anwendung schreitet, und verteilt die einzelnen Aufgaben untereinander. Niemand darf vergessen werden - das ist eine wichtige Aufgabe für Euch als Gruppe. Ihr könnt das Ritual natürlich auch umschreiben und alles hinzufügen, was für Euch persönlich bedeutsam ist, hier aber nicht aufgeführt wird.

Versammelt Euch zu Vollmond (das muß aber nicht unbedingt nachts sein). Jede/r bringt eine Kerze mit, deren Farbe er oder sie als für sich selbst passend gewählt hat. Bringt Essen mit und auch Musik; stellt alles, was Ihr für ein zünftiges Fest brauchen könntet, in jenen Bereich hinein, der vom Kreis umschlossen werden soll. Füllt den Kelch mit rotem Traubensaft (er steht für das Leben, welches uns durch die Göttin gegeben ist - auch so eine Blut-Analogie). Zieht den Kreis, ruft die Elemente und erdet Euch. Ruft nun die Göttin und den Gott. Entzündet die Kerzen, die für Göttin und Gott stehen. Eine/r von Euch erklärt nun, warum Ihr Euch heute zusammengefunden habt und erbittet die Unterstützung der Götter bei Eurem Vorhaben. Diese Person nimmt dann den Kelch in die Hand und segnet die darin befindliche Flüssigkeit, indem sie den Kelch dem Mond entgegenhebt und sich vorstellt, wie die Kraft des Mondes in den Kelch fließt. Dann sagt sie:

»Gesegnet sei dieser Saft.«

Nun drehen sich alle Mitglieder des neuen Kreises zur Mitte. Der Kelch wird in ihrem Zentrum abgestellt. Alle fassen sich an den Händen und beschwören die Kraft. Wenn dies geschehen ist, schließen sich die Hände erneut, und eine Person (es muß nicht die sein, die das Getränk gesegnet hat) sagt:

> »Wir haben uns heute hier versammelt,
> um einen Kreis zu gründen,
> welcher den alten Göttern dienen soll.
> Ich bitte Euch, Schwestern und Brüder,
> vereint Eure Gedanken,
> vereint Eure Gefühle und
> gebt diesem Trieb, dieser jungen Pflanze
> das Beste und Edelste,
> das Ihr zu geben habt.«

Nun ruft sich jeder der im Kreis befindlichen Menschen eine Situation in Erinnerung, die ihn einmal mit großer Liebe und Freude erfüllt hat. Malt sie Euch genau aus; holt das vergangene Geschehen so lebendig vor Euer inneres Auge, als wenn es sich in diesem Augenblick ereignen würde. Öffnet Euch vor allem für die Gefühle, die Ihr in diesem wunderbaren Moment erlebt habt, und fühlt sie erneut ganz lebendig und intensiv in Euch aufsteigen. Wenn sich der eine oder andere Leser nun an den Patronus-Zauber aus Harry Potter erinnert fühlt, liegt er damit gar nicht so falsch! Nach einer gewissen Zeit gibt eine/r von Euch ein vorher verabredetes Zeichen, und dann sendet Ihr diese herrlichen, gesegneten Gefühle und Empfindungen in den Kelch in Eurer Mitte. Stellt Euch einfach vor, wie der Strom Eurer Wahrnehmungen von Eurem Herzen aus in den Kelch fließt. Gebt Euer Wunderbarstes, Euer Liebstes, Euer Bestes, und gebt es aus vollem, freiem Herzen.

Schließlich nimmt eine/r von Euch den Kelch auf und hebt ihn dem vollen
Mond entgegen. Er oder sie sagt:

»Dies sind unsere Gaben.
Dies ist unser Reichtum.
Mögen die Götter uns helfen,
uns zu einer festen, vertrauenden
und glücklichen Gemeinschaft
zu verweben.«

Dann begibt sich diese Person wieder an ihren Platz im Kreis, nimmt einen
Schluck und reicht den Kelch dann mit einem lieben Wunsch, einem
besonderen Satz oder irgend etwas, das ihr gerade wichtig erscheint, an
den Nachbarn weiter. Auf diese Weise wandert der Kelch nun im
Uhrzeigersinn durch den Kreis, bis er wieder bei der ersten Person
angekommen ist. Diese nimmt ihn entgegen, bittet die Götter um den
Segen für die neue Gemeinschaft und erklärt den Kreis für gegründet
und geschlossen. Dann stellt sie den Kelch auf dem Altar ab.

Und nun kommt es: Das erste Mal, an dem Ihr als Coven den Hexengruß austauscht. Alle Mitglieder ziehen nun ihre Dolche und kreuzen diese in der Mitte, um dann gemeinsam zu sagen:

> »Liebe, Freiheit und Vertrauen –
> das ist's, worauf wir Hexen bauen!
> Seid gesegnet!«

Manche Coven richten nach diesen Worten die Dolche gemeinsam zum Himmel und dann zum Boden. Auf diese Weise rufen sie die Mutter Erde und ihren Gefährten, den Mond, als Zeugen an.

Nun folgt ein Fest, zu dem tolle Musik, ein gutes, von allen gemeinsam beigesteuertes Essen und jede Menge gute Laune gehören. Bleibt dabei im Kreis und öffnet diesen jedes Mal, wenn jemand auf die Toilette muß oder ihn aus einem anderen Grund verlassen möchte. Für diesen Teil des Rituals (ja, auch das gehört zur Zeremonie) bestimmt Ihr eine Person, die auf den Energiepegel des Covens achtet (noch schöner ist es vielleicht, wenn ihr abwechselnd »Wache schiebt«). Sobald sich das Energieniveau senkt – wenn also Mitglieder müde werden oder Leerlauf entsteht – ruft die wachhabende Person alle zusammen, um die Götter sowie die Elemente zu verabschieden, den Kreis zu öffnen und das Fest zu beenden. Wir Hexen gehen kraftvoll, begeistert und vielleicht sogar ein wenig euphorisch nach Hause, aber niemals übermüdet, sturzbesoffen, zugedröhnt oder deprimiert.

Du

*... bist auch eine von uns,
nicht wahr?
Merry Meet!*

geheime Er-kennungszeichen

Den meisten Hexen merkt man ihr Hexentum nicht auf Anhieb an. Klar, viele tragen als Schmuck Symbole ihrer Religion um den Hals, aber wer in einer normalen Disco erkennt schon eine Irminsul oder eine Isisfigur sofort als das, was sie sind? Außerdem haben wir auch auf diese Symbole kein Copyright - gerade das Pentagramm, früher einmal ein sicheres Erkennungszeichen, wird heute von beinahe jedermann getragen. Wenn sich aber Eure unbekannte Nachbarin im Kino während des Vorfilms nach dem ersten Mundvoll dieses köstlichen, knallfrischen und noch handwarmen Popcorns mit Karamelsauce genüßlich zurücklehnt und dann seufzt »Göttin, ist das gut«, habt Ihr es entweder mit einer Hardcore-Emanze oder mit einer Hexe zu tun - oder mit beidem. Eine vorsichtige Anfrage lohnt da jedenfalls schon.

Aber auch Leute mit hexen-typischen Schmuckstücken könnt Ihr ruhig vorsichtig »antesten«. Sagt einfach freundlich, wie schön Ihr das Stück fändet und daß es Euch schon die ganze Zeit aufgefallen sei. Wenn sich der Besitzer oder die Besitzerin über Eure Aufmerksamkeit freut, könnt Ihr ganz unschuldig fragen, ob er bzw. sie denn etwas Besonderes damit verbindet und ihm dabei ein wenig bedeutungsvoll in die Augen schauen. Falls auch nur der leiseste Hauch von Hexe in der Antwort schwingt, nickt Ihr einfach und sagt »Merry meet«. Antwortet man Euch mit einem verwirrten Blick, liegt Ihr falsch. Manchmal aber erhaltet Ihr die Antwort »and merry meet again«. Der ganze Satz lautet: »Merry meet, merry part and merry meet again« und bedeutet ungefähr »Ein fröhliches Treffen, einen fröhlichen Abschied und ein fröhliches Wiedersehen [wünsche ich dir]«. Es ist eine typische Grußformel von Hexen überall auf der Welt - deshalb (und weil sie in Großbritannien, dem Geburtsland des Wiccakultes entstand) auf Englisch. Hinzu kommt, daß »Meery Meet« meist auch jenen Menschen bekannt ist, die sich zwar als naturreligiös betrachten, aber nicht direkt zum Hexenkult zählen.

Symbole, die von vielen Hexen gerne getragen werden, sind zum Beispiel Göttinnenbilder (vor allem Isis), das keltische Kreuz, Mondsicheln, Triskelle, der Thorshammer und - mit allen bereits erwähnten Einschränkungen - das Pentagramm. Früher war einmal jedes keltische Muster ein Hinweis, aber die sind mittlerweile dermaßen im Trend, daß sie kaum noch als sicherer Tip gelten können.

Der Lauf der Zeit und zunehmende Erfahrung machen all diese Zeichen überflüssig. Dann werdet Ihr in der Lage sein, eine Hexe anhand ihrer Ausstrahlung, ihrer Worte, der Art ihrer Bewegungen und ihrer Aura zu erkennen. Ehrlich, das ist kein Blödsinn. Manchmal werdet Ihr sogar auf Leute treffen, die gar nicht wissen, daß sie Hexen sind, aber untrüglich alle inneren Merkmale zeigen. Wenn das geschieht, könnt Ihr Ihnen unaufdringlich von Eurer Lebensweise erzählen und, falls sie sich interessiert zeigen, erklären, daß auch sie diese Kraft in sich tragen. Aber eines ist hier sehr, sehr wichtig: Hexen missionieren nicht! Wir brauchen keine Gemeinde, keine Schäfchen und keine Anhänger, weil wir selbst ebenfalls nichts davon sein wollen. Außerdem gehen wir davon aus, daß der Hexenkult nicht für jeden Menschen ein geeignetes Mittel zur Weiterentwicklung und Lebensgestaltung darstellt - einfach, weil wir der Ansicht sind, daß keine Religion wirklich alle Menschen auf dieser Erde gleichermaßen selig machen kann, also auch unsere nicht.

Ein BLITZ zerriß die stürmische Nacht

und enthüllte für einen kurzen Augenblick
die Gestalt auf der baumlosen Spitze des HÜGELS;
ein schwarzer, SCHEMENHAFTER UMRIß
mit erhobenen Armen,

von denen wild die zerissenen Ärmel einer seidenen Robe flatterten.
Mittlerweile hatte sich das UNWETTER zu einem grausigen Höhepunkt erhoben.

BLITZ folgte auf BLITZ.

und so offenbarte sich mit jedem über den Himmel ziehenden Lichter-
zacken ein wenig mehr von der krähengleichen Gestalt, die dort mit
fliegenden Haaren stand und ihre Brust, ihr Leben dem tosenden Himmel
darzubieten schien. Es war nicht zu erkennen, ob es sich um einen Mann
oder eine Frau handelte

– ODER OB es überhaupt noch ein Wesen von dieser Welt war. Nur
eines ließ sich nicht übersehen,

Welches Leben dieses Wesen auch immer
einmal sein eigen genannt hatte – nun
war es weit über die Grenzen des menschlichen Daseins hinausgewachsen.

Es beherrschte die GEHEIMEN SPHÄREN.

WELCHE AN UNSERE WELT GRENZEN UND UNENDLICH GROSSE MACHT VERSPRECHEN.

EIN GRAVENHAFTES LACHEN
ERGOSS SICH INS TAL,

SO SCHRECKERREGEND, DASS ES KAUM DIESE BE-
ZEICHNUNG VERDIENTE. PLÖTZLICH SCHIENEN SICH
ALLE BLITZE AUF DIE GESTALT AUF DEM HÜGEL ZU
KONZENTRIEREN, DIE MIT HEISERER STIMME

FÜRCHTERLICHE

IN EINER UNHEILIGEN SPRACHE RIEF;

NAMEN

EIN LETZTES, UNHEILVERHEISSENDES LEUCHTEN FOLGTE, SO HELL,
DASS SICH DIE WAHNSINNIGE GESTALT GERADEZU IN DIE AUGEN
DES BETRACHTERS EINZUBRENNEN SCHIEN. DANN KAM DER DON-
NERSCHLAG UND FEGTE ALLES HÖREN UND SEHEN HINWEG. VON
EINEM AUGENBLICK ZUM NÄCHSTEN HERRSCHTE STILLE; NUR DAS
RAUSCHEN MÄCHTIGER FLÜGEL WAR ZU HÖREN, BEGLEITET VON
EINEM HEISEREN KRÄCHZEN, DAS DEM WAHNSINNIGEN, KRÄHEN-
HAFTEN LACHEN AUF FÜRCHTERLICHE WEISE GLICH.

Wie ist das mit der schwarzen Magie?

Macht über andere Ebenen, die Elemente beherrschen ... Mann, da hat einer echt was drauf, oder?

Mag sein. Allerdings steht dieser jemand auch alleine da oben auf dem Hügel, und zwar nachts, ohne jedes Feuer und bei einem wahrhaften Sauwetter. Nur eisiger Regen und die Gefahr sind seine Begleiter - Lebensgefahr. Mag ja sein, daß diese Gestalt die unsäglichsten Dinge rufen oder sich gar in sie verwandeln kann - aber dafür verzichtet sie auf jegliche Wärme, Liebe, jede Form der Unterstützung, der echten, angstfreien Anerkennung und des Respekts. Sie verzichtet darauf, dazuzugehören. Mal ganz im Ernst: Wenn jemand während eines Gewitters auf einen Hügel steigt und wirres Zeug redet, anstatt sicher zu Hause im Warmen und Trockenen zu sitzen, wie nennt man das? Genau!

Darüber hinaus gibt es aber noch eine zweite »Fakultät«, die sich mit einer anderen Art der schwarzen Magie beschäftigt, und ihre Vertreter sind relativ selten. Es sind Menschen, die niemals auf die Idee kämen, sich mit »Guten Tag, Christine, schwarze Hexe« vorzustellen und die auch nicht damit prahlen würden. Dafür haben sie zuviel begriffen. Diese Menschen beschäftigen sich mit den verdrängten und dunklen Anteilen unserer Seele und Persönlichkeit, um diese auf magischem Weg ans Licht zu heben, wenn die Zeit dafür reif ist (nicht eher!) und dort in eine persönliche Kraft zu transformieren. Sie arbeiten also mit jenen Anteilen unseres Selbst, die deshalb dunkel (also schwarz) sind, weil wir nicht wagen, Licht darauf fallen zu lassen - Licht, in welchem wir sie klar und deutlich sehen wie auch anerkennen müßten. Wenn Ihr wissen wollt, wie diese Leute arbeiten, empfehlen wir Euch das Buch *Schwarze Magie* von Ansha. Sie schildert hier einen ernstzunehmenden und äußerst wirksamen Zugang zu der einzigen Form von magischer Arbeit, die den Namen »Schwarze *Kunst*« wirklich verdient - die Auseinandersetzung mit den dunklen Seiten unseres eigenen Selbst.

Also, nichts von wegen Hamsterschlachten oder Goldfischquälen, sondern sich die Seiten an der eigenen Persönlichkeit vorknöpfen, die man eigentlich viel lieber totschweigen würde, weil man sich da vor sich selbst gruseln muß.

Mano cornuta

... heißt auf deutsch „Hand des Gehörnten", und ist daher ein Symbol für den Partner der Großen Göttin.
Man sieht es heute bei vielen Rock-, Metall-, Dark Wave- oder Gothickonzerten, wenn die Fans in Begeisterung geraten.

Wenn es um Schwarze Magie geht, ist meist rasch von Fluchzaubern die Rede, wobei es zwei Arten von Verfluchungen gibt. Die eine macht etwa 99% aller im Umlauf befindlichen Flüche aus und basiert auf dem Prinzip der Selbstverfluchung. Dabei muß die verfluchte Person wissen, daß sie verflucht worden ist. Dies wird entweder erreicht, indem man es ihr mittels einer dunklen Drohung oder auch einer sachlichen Ansage mitteilt, oder indem man ein seltsames Bündel (wahlweise aus Federn, Knöchelchen, kleinen Püppchen mit oder ohne Nadeln, Kerzenresten u.ä. bestehend) so plaziert, daß es zwar versteckt wirkt, aber vom Opfer dennoch über kurz oder lang gefunden wird. Der Rest funktioniert mittels selbsterfüllender Prophezeihung. Das Opfer glaubt an die Macht des Verfluchenden und produziert deshalb unbewußt einen Unglücksfall nach dem anderen. Tatsächlich übt also nicht der Verfluchende, sondern das Opfer selbst einen negativen Einfluß auf sich aus! Wer a) diese Zusammenhänge begriffen hat und b) ein wenig am eigenen Selbstwert und an der Bereitschaft, die Verantwortung für die Geschehnisse im eigenen Leben selbst zu übernehmen, gearbeitet hat, ist deshalb nicht mehr verfluchbar. Den eigentlichen, unabhängig vom Opfer wirkenden Fluch gibt es hier nicht.

Dann existiert noch eine zweite Art des Fluchs, bei welcher der Verfluchende in der Tat die Fähigkeit besitzt, das energetische Umfeld des Opfers so zu verändern, daß dieses von einem Misthaufen in den nächsten stolpert. Solche Menschen sind sehr, sehr selten, und alle, die mir bisher begegnet sind, nutzen diese Fähigkeit nicht zum Herstellen von Misthaufen, sondern dazu, die Menschen in ihrer Umgebung bei deren Heilung und Wachstum zu unterstützen – was einfach daran liegt, daß es einer recht umfassenden psychischen und spirituellen Entwicklung bedarf, um diese Fähigkeit zu erlangen.

Eine wunderbare Art, negativen Einflüssen jeder Form den Boden zu entziehen, stellt der Glückszauber dar.

Glueckszauber

Dieser Zauber bringt Glück und Lebensfreude in Dein Leben - dann kann kein Fluch auf dieser Welt Wirkung zeigen.

Ritual

Ziehe Dich an Deinen Altar zurück und sorge dafür, nicht gestört zu werden. Ziehe den magischen Kreis, rufe die Elemente und erde Dich. Beschwöre die Kraft und rufe eine Gottheit, die mit dem Glück in Verbindung steht, wie Apollo, Lugh oder Fortuna und erkläre ihm bzw. ihr, warum Du dieses Ritual durchführst, bevor Du um seine bzw. ihre Unterstützung bittest.

Nimm nun ein goldenes Schmuckstück; ein Finger- oder Ohrring eignet sich besonders, weil er während des Tragens dauernd Körperkontakt hat. Aber auch ein Anhänger kann diese Funktion erfüllen, wenn er unter der Kleidung auf der Haut getragen wird. Manchmal braucht man aber auch Glück, um sich vor etwas Unerwünschtem zu schützen; dann kann eine Brosche geeignet sein. Noch besser wäre eine Gürtelschnalle, weil diese genau an jener Stelle des Körpers getragen wird, wo sich unser energetischer «Schutzschild-Generator» befindet - aber wer hat schon Gürtelschnallen aus Gold?

Verbrenne eine Räucherung aus Lorbeer, Wacholder, Liebstöckel, Safran, Myrrhe, Weihrauch und/oder Nelke oder verdampfe eine Mischung aus den ätherischen Ölen Bergamotte, Orangenöl und Neroli (Du brauchst nicht alle Bestandteile, sondern kannst jene wählen, die Dir passend zueinander erscheinen oder auch einfach bereits zur Hand sind). Nimm nun das Schmuckstück in die Hand, entzünde eine goldgelbe oder grüne Kerze, setze Dich vor diese und schaue eine Weile in die Flamme. Schließe dann die Augen und stelle Dir vor, wie Du irgendwo im Freien auf einer Wiese, an einem Ufer oder auf einem Hügel sitzt - das *Wo* ist nicht von Bedeutung (außer, daß es Dir gefallen sollte), viel wichtiger ist das Wetter. In Deiner Vorstellung herrscht strahlender Sonnenschein. Sieh vor Deinem inneren Auge, wie Dich die Kraft dieser Strahlen erreicht, berührt, durchdringt und ganz und gar erfüllt. Schaue dabei zu, wie die Sonnenenergie Deinen Körper, Deine Seele und schließlich Dein ganzes Sein erfüllt, bis Du nichts mehr davon aufzunehmen in der Lage bist. Sieh Dich dann selbst vor Dir - strahlend und leuchtend wie die Sonne selbst. Wer kann einem solchen Wesen etwas anhaben? Niemand. Du bist der Sieg in Person, die

Goldener Siegelring

... mit Pentagramm.
16./17.Jhd.

Teen 144 witch

Überwindung aller Hindernisse - und die Liebe selbst. Das ist es, was die Kombination unschlagbar macht - die Liebe.

Versuche, dieses Gefühl zu verstärken und in Deinem Herzen oder in Deinem Unterbauch zu konzentrieren. Öffne schließlich Deine Augen und lege das Schmuckstück mit einem tiefen Ausatmen vor die Kerze der Gottheit. Schaue es dabei stetig an, und löse Deine Augen auch dann nicht davon, wenn Du sagst:

«Fortuna,
erinnere mich
beim Anblick
dieses Rings
immer daran,
welche Kraft
in mir ist.
Lasse mich
niemals vergessen,
daß ich größer bin
als alle Widersacher,
weil die Macht
der Sonne,
die Macht der Liebe
in mir wohnt.»

Ritual

Ritual

Wenn es Dir zu kitschig ist, formuliere das Ganze um, aber sorge dafür, daß der Sinn erhalten bleibt. Stecke Dir das Schmuckstück nun an.

Bedanke Dich jetzt bei der gerufenen Gottheit sowie den Elementen und verabschiede Dich von ihnen, bevor Du den Kreis öffnest. Trage das Schmuckstück in allen Situationen, in denen Du Glück zu benötigen glaubst. Wenn Du das Gefühl hast, jetzt die Verbindung zu jener Sonnenkraft zu brauchen, die Du im Ritual gespürt hast, berührst Du einfach kurz das Schmuckstück - Ringe werden einmal gedreht, das ist ihre besondere Magie. Dann flammt die Macht der Sonne wieder in Dir auf, und Du kannst Dich auf sie berufen und aus ihr heraus handeln.

Wichtig: Das Schmuckstück ist keineswegs ein Talisman und enthält weder Glücksenergie, noch beschwört es sie bei Bedarf herauf. Es stellt vielmehr eine Art Schalter dar, mit dessen Hilfe Du Deinen eigenen Zugang zur Kraft der Sonne herstellen und öffnen kannst. Es ist wichtig, das zu verstehen, denn sonst funktioniert der Zauber nicht. Über kurz oder lang wirst Du das Schmuckstück nicht mehr brauchen, weil Du eine davon unabhängige Kontrolle über Deinen Zugang zu dieser bestimmten Energiequelle erlangt haben wirst. Das kann aber nur geschehen, wenn Du die Funktion des Schmuckstücks genau begreifst. Es erinnert Dich, es verbindet Dich mit dem, was Du im Ritual erfahren hast und ist deshalb eine Art schneller Überbrückungsschalter, aber es ist nicht die Kraft selbst und beschwört sie auch nicht herauf. Das tust Du selbst jedes Mal, wenn Du Dich darauf konzentrierst - sei es mit Hilfe des Schmuckes oder später auch ohne.

Auch dieses Ritual zeigt erheblich höhere Wirkung, wenn es mehrmals hintereinander durchgeführt wird; am besten sechs Mal, wobei die letzte Zeremonie auf den Vollmond fallen sollte. Noch effektiver wird das Ritual, wenn man es an sechs aufeinander folgenden Vollmonden zelebriert. Das dauert zwar ein halbes Jahr, kann aber ein ganzes Leben verändern.

Hexenmedaille

... mit Planetenzeichen,
kabbalistische Herkunft, 17.-19. Jhd.

KAPITEL 8

KONTAKT ZUR NICHT-HEID- NISCHEN UMGEBUNG

Soll ich meine beste Freundin kicken, weil sie Christin ist?

Quatsch! Die besten Freundschaften sind jene, die auch die Unterschiede schätzen können. Wenn Euer Freund oder Eure Freundin ein Problem damit hat, daß Ihr Newbie-Hexen seid, sieht das natürlich anders aus; dann werdet Ihr sie oder ihn entscheiden lassen müssen. Die Frage ist eben immer, ob jemand Euer wahrer Freund ist oder eine eher oberflächliche Definition von Freundschaft hat, und inwieweit man sich Kompromisse zugestehen kann, ohne sich selbst zu verleugnen.

Tatsächlich sucht jemand, der aktiver Christ ist, vielleicht dasselbe wie wir Hexen - nur hat er dafür einen anderen Weg und andere Werkzeuge gewählt als wir. Hexen achten jeden Menschen, der sich auf einem spirituellen Pfad befindet und sich auf diese Weise bemüht, einen Sinn in sein Leben zu bringen.

Wenn Ihr genau das im Hinterkopf behaltet, werdet Ihr vielleicht sogar feststellen, daß Eure christliche Freundin oder Euer christlicher Freund Ideen hat, die auch Euch wirklich weiterhelfen. Ihr müßt sie als überzeugte Hexen-Newbies nur ins »Hexische« übersetzen. Eure Freundin hat echte Hilfe von den Engeln erhalten? Na, dann kümmert Euch vielleicht mal um Euren Kontakt zu den Elfen. Ist wahrscheinlich die gleiche Kraft, hat nur einen anderen Namen und wird anders wahrgenommen.

Meistens aber wird Eure andersartige religiöse oder spirituelle Ausrichtung überhaupt kein Thema sein. Ihr könnt das alles ein- oder zweimal erwähnen; wenn Euer Freund oder die Freundin dann Interesse zeigt, ist das schön, und Ihr könnt mehr erzählen. Spürt Ihr Ablehnung, dann erwähnt es nicht weiter. Wenn Euch mehr als nur die »letzten Fragen« verbinden, werdet Ihr auch weiterhin gute Freunde sein und viel miteinander teilen können.

witch 147 teen

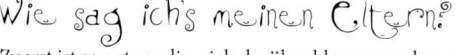

Wie sag ich's meinen Eltern?

Zuerst ist es notwendig, sich darüber klar zu werden, aus welchem Grund hier Widerstand entsteht. So ist es in den seltensten Fällen die Absicht besorgter Eltern, Euch zu manipulieren oder gar zu schikanieren - sondern sie haben schlicht und einfach Angst. Da man Leute, die dem Hexenkult angehören oder naturreligiös sind, nicht gerade um jede Ecke findet, wissen die wenigsten Menschen, was sie sich darunter genau vorstellen sollen. So wird der Begriff des Hexenkults oft sofort mit »Satanismus«, »Sekte« oder auch »Drogen« in Verbindung gebracht. Und viele Väter sorgen sich ehrlich um die Jungfräulichkeit ihrer Töchter, die doch viel zu schnell erwachsen werden, denn man hat ja gehört, daß die Hexen an Walpurgis nachts nackt wüste Dinge treiben und im Wald ...

Hier hilft nur Information. Das Büchlein *Die Kraft der Großen Göttin* von Starhawk beispielsweise - einer der bekanntesten und prägendsten Gestalten des Hexenkults - kostet etwa 5 Euro und ist ganz hervorragend geeignet, um besorgten Mitmenschen einen schnellen und doch umfassenden Einblick in die alte Tradition zu gewähren. Es kann auch sinnvoll sein, eine Begegnung zwischen einem oder mehreren der Menschen aus der Hexentradition, mit denen Ihr Euch nun trefft, und den Eltern oder dem Partner zu arrangieren, um diesen die Chance zu geben, selbst zu sehen, mit wem Ihr Eure Zeit verbringt - mit normalen Menschen nämlich, und nicht mit Horror-Emanzen oder mit Typen, denen jederzeit Hörnchen aus der Stirn wachsen könnten.

Der zweite Ansatzpunkt, wenn Ihr bei Euren Eltern auf Ablehnung stoßt, ist Selbstverantwortung sowie kritisches Denken. Es tut uns leid, wenn das ein wenig nach erhobenem Zeigefinger klingt, aber Ihr müßt Euch darüber im Klaren sein, daß Eure Eltern nur zu tun versuchen, was Ihr ihrer Meinung nach selbst noch nicht könnt oder wollt - nämlich nicht in alles frischfröhlich hineinzurauschen und Euch erst hinterher über die Folgen Gedanken zu machen, sondern die Dinge eingehend zu prüfen, bevor Ihr Euch entscheidet. Dabei ist es völlig unwichtig, ob Ihr tatsächlich schon so weit seid oder nicht - es geht nur darum, was Eure Eltern von Euch annehmen. Und eines könnt Ihr uns glauben: Eltern sind immer die letzten, die merken, wann jemand erwachsen geworden ist. Und Jugendliche sind immer die letzten, die begreifen, daß die Argumente der Eltern oft auf wirklicher Lebenserfahrung begründet sind - das alte Spiel :-). Betrachtet Euer ganzes Leben kritisch und übernehmt Verantwortung dafür - und zwar ebenso für die Erledigung der Hausaufgaben, Eure Aufgaben in der Familie und Eure Beziehungen wie auch für Eure Teilnahme am Hexenkult. Denn nur, wenn Ihr dieses Prinzip in Eurem ganzen Leben durchzieht, werden Euch Eure Eltern auch beim Thema Naturreligion vertrauen. Zeigt Ihnen ruhig bewußt, daß Ihr sorgsam mit Euch umgeht - antwortet z.B. auf die Frage, wie es denn beim ersten oder zweiten Hexentreffen war, mit »Schön, aber ich möchte doch noch mehr über diese Leute erfahren, bevor ich entscheide, ob ich wirklich dabeibleiben will.« Wir fordern Euch also in Eurem eigenen Interesse auf, die Leute, denen Ihr hier wie auch sonstwo begegnet, kritisch zu betrachten. Habt den Mut, die Spreu vom Weizen zu trennen - Ihr wißt sehr gut, was wirklich gut für Euch ist und was oder wer nicht. Tut es nicht für Eure Eltern, sondern für Euch - das wirkt sowieso auch auf Eure Eltern am ehesten.

Noch eines: Verschreckt Eure Eltern nicht mit plötzlichen Veränderungen. Das wirklich Wichtige am Hexenkult sind so oder so nicht wallende, schwarze Gewänder, mittelalterlich anmutende Kleidung oder gar eine Unmenge Ritualschmuck an allen dafür auch nur annähernd geeigneten Körperteilen. Die meisten Hexen, die wir kennen und die wirklich »etwas draufhaben« - also ihre Kunst beherrschen - verkleiden sich sowieso nicht auf diese Weise, sondern tragen höchstens ein besonders liebgewonnenes Schmuckstück, das für Außenstehende oft nicht einmal als kultisch zu erkennen ist. Zeigt als Hexen-Newbies Verständnis für Eure Mitlebewesen - auch wenn das bei den eigenen Eltern oft eine knochenharte Angelegenheit ist - und erklärt ihnen, wenn sie Angst um Euch haben, daß Ihr Euch Ihre Argumente sehr wohl zu Herzen nehmt. Sie haben es nun mit einem jungen Erwachsenen zu tun, den sie bisher nur als ihr kleines Baby kannten. Daran wird sich wahrscheinlich auch nichts ändern, da sind Eltern oft ein bißchen wehmütig.

Was aber nun, wenn Eure Eltern dagegen sind?

Wer noch im elterlichen Haushalt lebt, hat es schwerer, denn Euch steht die Alternative der Trennung erstens meist nicht zur Verfügung, und zweitens ist sie auch keine wirklich gute Lösung. Wenn Ihr Eure Eltern tatsächlich nicht überzeugen könnt, bleibt Euch eigentlich nur das Warten übrig. Geduld ist angesagt! Was macht das schon? Hexenkult und Naturreligion sind kein Trend und auch kein Rollenspiel - und sie sind schon gar nicht dazu geeignet, mit ihrer Hilfe gegen Eure Eltern zu protestieren. Wenn Ihr das wollt, dann färbt Euch die Haare lila oder werdet ökologisch aktiv - ersteres ist ein Schock-Garant, letzteres bewirkt nebenbei auch noch ein paar positive Dinge für diese Welt. Hexenkult und Naturreligion sind für Protestzwecke jedoch nicht geeignet und sollten dafür auch nicht mißbraucht werden. Es handelt sich hier um mythologische, mystische, religiöse, philosophische, gesellschaftspolitische und psychologische Konzepte, die Ihr ernst nehmen solltet, wenn Ihr selbst damit ernst genommen und akzeptiert werden wollt.

witch 149 teen

Rituale auf dem Pausenhof?

Tja, da steht Ihr jetzt also und seid Hexen-Newbies. Ist ein tolles Gefühl, was? Kennen wir, waren wir nämlich auch mal - und haben dabei den entscheidenden Fehler gemacht, zu glauben, was für uns toll ist, fänden auch andere einfach klasse. War aber nicht so. Es ist einfach erstaunlich, welche teilweise echt skurrilen Reaktionen der kurze und einfache Satz »Ich bin jetzt eine Hexe« hervorrufen kann.

Als erstes kam bei einer von uns der Religionslehrer. Er machte ein betrübt-besorgtes Gesicht und erzählte, daß Sekten echte Probleme schaffen können und man sich jederzeit an ihn wenden könne, wenn man Hilfe bräuchte. Dann tauchte die Vertrauenslehrerin auf und versuchte vorsichtig zu beschreiben, wie gefährlich Drogen sind, während sie unauffällig (oder was sie dafür hielt) auf Anzeichen eines möglichen Drogenkonsums prüfte und ihren Blick wie einen Laserrasterscan schweifen ließ. Zum Abschluß dieses echt vertrauensvollen Gesprächs sagte sie, daß man sich jederzeit an sie wenden könne, wenn man ihre Hilfe bräuchte. Supernett gemeint war auch der Versuch des Philosophielehrers außerhalb des eigentlichen Unterrichtsthemas Vorträge über »Selbstverantwortung des jungen Erwachsenen« abzuhalten und dabei einige ständig so komisch anzuschauen.

Schließlich kam einer der wenigen Lehrer, die sich ehrlich für die Angelegenheiten ihrer Schüler interessieren und die erstmal zuhören, bevor sie panische Schlüsse ziehen. Der kam also in einer ruhigen Minute daher und fragte, ob es stimme, was er so von den besorgten Kollegen und Mitschülern gehört hatte ... Man schaut ihn einen Moment völlig baff an und erfährt dann, daß der eigene angebliche Werdegang mittlerweile ein offenes Diskussionsthema im Lehrerzimmer geworden ist und man nur noch die Möglichkeit hat, zum Direktor selbst zu gehen, alle Gerüchte zu widerlegen und sich eine weitere Verbreitung derselben sowie jegliche dazugehörigen Heils- oder auch Unheilsangebote zu verbitten.

Echt, ist passiert, und zwar genau so. Allerdings vor fünfzehn Jahren - vielleicht habt Ihr es heute in Zeiten, wo Hexen *in* sind, etwas leichter. Man denkt heute bei dem Wort Hexe nicht nur an die bucklige Alte, sondern auch an Buffys Willow - aber macht das die Sache wirklich besser? Für den größten Teil der Bevölkerung sind wir die Spinner, die Anderen, die Abseitigen. Gewöhnt Euch lieber dran.

Deshalb müßt Ihr jetzt nicht in den Untergrund gehen oder einen Geheimorden gründen. Aber es ist sinnvoll, sich zu überlegen, wem Ihr Euer Interesse oder gar Eure Teilnahme am Hexenkult mitteilen wollt.

Darum geht es uns nämlich: Hexen sind Leute, die neben Euch auf der Bank sitzen, vor Euch in der Schlange stehen und neben Euch im Café sitzen könnten - und Ihr würdet es nicht merken. Oder vielmehr, Ihr hättet es nicht bemerkt, bevor Ihr selbst zu einer oder einem von uns wurdet!

... und jetzt aber los!

Genug gelesen, genug geredet, genug herumtheoretisiert! Jetzt liegt es an Euch. Wenn Ihr wollt, könnt Ihr mehr als ein Newbie werden - schaut Euch einfach weiterhin um, seid offen für die verschiedenen Arten, die Welt zu betrachten und schafft Euch Euer eigenes Weltbild. Ihr seid jetzt Hexen und als solche dem Auf und Ab des Schicksals nicht mehr hilflos ausgeliefert. Wir Hexen finden heraus, wo wir wirklich hingehören, wer und was wir wirklich sein wollen und gestalten unser Leben entsprechend. Wir gehören im allgemeinen zu der Sorte, welche die Ärmel hochkrempelt und anpackt.

Schaut Euch um, welche Bücher Euch auf Eurem Weg weiterhelfen könnten - ein paar Vorschläge findet Ihr am Ende dieses Buchs. Beschränkt Euch bloß nicht auf unsere Ideen; Ihr seid jetzt Hexen-Newbies, was bedeutet, daß Euch niemand vorschreiben kann, wie Ihr zu denken oder zu fühlen habt. Es bedeutet aber auch, daß Ihr mit dieser Freiheit zugleich die Verpflichtung übernehmt, gut mit Euch umzugehen, auf Euch zu achten, zu tun, was Euch auch auf lange Sicht gut tut und für alles, was Ihr unternehmt, die Verantwortung zu übernehmen. Ein alter Satz der Hexen lautet: »Tue, was Du willst, aber schade niemandem«. *Niemandem* bedeutet: auch Euch selbst nicht!

Wir haben keine Ahnung, ob Euch das klar ist, aber wir brauchen Euch! Wir, die Alteingesessenen, brauchen Eure Ideen, Euren Mut, Eure Frische - und auch Eure Bereitschaft zu rebellieren. Selbst gegen die Alteingesessenen.

Ihr seid die nächste Generation - was den Hexenkult seit Gardner angeht, die dritte. Die Welt der Hexen wird bald Euch gehören. Macht was draus, denn sie ist schön.

In diesem Sinne
und in Liebe, Freiheit und Vertrauen

Vicky Jess

Quellen & Weiterführende Literatur

• Ansha: Das große Praxisbuch der weißen Magie, Ludwig, München 1999. Ein tolles und humorvolles Buch, mit dem man von Grund auf Magie betreiben lernen kann.

• Ansha: Schwarze Magie, Ludwig, München 2001. Unserer Meinung nach das einzig wirklich gute Buch zu diesem Thema!

• Boeing, Agnes Miriam: Eigene Wege finden

• Beutz, Esther: Hagazussa - Auf dem Zaun zwischen den Welten, Eine Annäherung in Bildern. *Der* Bildband mit Fotos von Hexen heute (das Bild auf S.136 z.B. ist aus diesem Buch)! Arun-Verlag, Engerda 2000.

• Crowley, Vivianne: Wicca - Die Alte Religion im neuen Zeitalter, Edition Ananael, Bad Ischl 1993. Eine sehr tiefgehende und dennoch gut lesbare Betrachtung des Hexenkults.

• Cunningham, Scott: Wicca - Eine Einführung in weiße Magie, Ullstein, Berlin 2001. Erst seit kurzem wird Cunningham auch ins Deutsche übersetzt - die Hexen hier schwören allerdings schon lange auf ihn!

• Cunningham, Scott: Das große Buch von Weihrauch, Aromaölen und magischen Rezepturen, Goldmann, München 2001. *Die* Sammlung schlechthin für magische Rezepte. Der Meister in Hochform!

• Cunningham, Scott: Wicca: a Guide for the Solitary Practitioner, Llewellyn 1990. Eines der ganz wenigen Bücher, das extra für Hexen geschrieben ist, die alleine arbeiten wollen oder müssen.

• Gabriel, Vicky: Der alte Pfad - Wege zur Natur in uns selbst, Arun, Engerda 1999. Ein humorvoller Einstieg in die Mysterien der Natur.

• Gabriel, Vicky: Zaubersprüche - Magische Kräfte für den Alltag nutzen. Super Ideen für Zauber, die viel Platz lassen, die eigene individuelle Note hinzuzufügen.

• Starhawk: Der Hexenkult als Urreligion der Großen Göttin. Mittlerweile *der* Klassiker unter den naturrreligiösen Titeln. Sehr praktisches Buch, das viele Tips zum Selbermachen bietet.

Bezugsadressen für naturreligiöse Zeitschriften:

Hex & Co.

www.hexundco.de
Verein Weltbilder
c/o Marion Gospic
Schöneberger Str. 114
22149 Hamburg

Albion

www.serpenters-egg.de
necron-verlag

Die schärfsten Internet

www.teenwitch.de — Jess' Schöpfung und unser privater, freiberuflicher Heimathafen. Ihr seid immer willkommen!

www.klammeraffe.org/~hagundhexe — Die Homepage von Hag & Hexe, die von Vicky mitbegründet worden ist.

www.boudicca.de — Die wohl größte esoterische Datenbank Europas mit Artikeln zu allem, was Magie, Hexenkunst, Spiritualität und vieles mehr betrifft. Der kenntnisreiche und freundliche Gastgeber hilft bei Bedarf sogar persönlich vom heimischen Rechner aus weiter!

www.pagan.at — Hexenkontakte in Österreich. Sehr freundliche Leute dort!

www.rabenclan.de — Einer der heidnischen Dachverbände und eine gute Anlaufstelle für Kontakte, Treffen und Informationen über alles Mögliche. Darüber hinaus behandelt das Forum oft relativ anspruchsvolle Insider-Themen.

www.selene-institut.de — Die deutsche Ansprechpartnerin für alle, die mehr über Starhawks Arbeit erfahren oder sie sogar mal selbst treffen möchten.

www.fellowship-of-isis.de — Ein weiterer Versuch, eine übergreifende Organisation zu bilden. Bietet auch seriöse Ausbildungen an, wenn einem das System liegt.

www.pagan-federation.de — Und noch ein Dachverband, der Kontakte und Informationen über Hexen und Heiden bietet.

www.hexen-online.org — Eine sehr gut organisierte Seite mit vielen Foren zu den unterschiedlichsten Themen. Vor allem zur Kontaktsuche gut geeignet.

www.hexennetz.de — Sehr interessante Themen in vielen Foren.

 Adressen für Hexen

Komplizierte Adresse, die sich jedoch einzugeben lohnt: Hier sind quer durch den deutschsprachigen Raum stattfindende Hexenstammtische aufgelistet.

www.eibner.de/juergen/hhstamm.html

Sehr schöne und naturbetonte Hexenseite aus der Schweiz.

www.hagazussa.ch

Sehr unaufwendige, daher gut überschaubare und inhaltlich umfassende Seite, in der auch zählt, wie Ihr gerade drauf seid und was in Euch vorgeht. Vor allem die nach Postleitzahlen gegliederte Kontaktecke dürfte für Neueinsteiger interessant sein.

www.amanita.de

Hervorragendes internationales Kontaktmedium.

www.witchvox.com

Sehr schöne Seite, die vor allem durch ihre vielfältigen Kontaktangebote auffällt.

www.sternenkreis.de

Ebenfalls sehr ansprechende Seite, die eine große Sammlung heidnischer Lieder beinhaltet, wie sie gerne von Hexen während ihrer Rituale (oder auch einfach nur so) gesungen werden.

www.hexenzirkel.org

pagan - indian - tribal - celtic - cult: Die Homepage des Verlages, der dieses Buch verlegt hat.

www.arun-verlag.de

Der jüngste unter den hiesigen Dachverbänden, der jedoch eine ganze Menge altehrwürdiger Gruppen wie zum Beispiel den Odinic Rite oder den OBOD (Order of Bards, Ovates, and Druids) unter seinen moosbewachsenen Dachziegeln beherbergt.

www.kultURgeister.de

Vier liebe Hexen, die für ihre magische Arbeit kein Geld sehen wollen, sondern als Bezahlung eine Spendenquittung für Amnesty International verlangen ... Das ist echte, freiberufliche Hexeneinstellung!

www.hexen.org

Hexensabbat

... auf dem Blocksberg.

Titelkupfer zu einem Buch von Johann Prätorius, Leipzig 1669.

Meine persönliche Hexennotiz

Voenix & Holger Gerwin

Das Jahreskreisposter

Die Festtermine aller Zeiten, Kulturen und Religionen
ranken sich im Ursprung um die Beobachtung der Natur im Jahreskreis.

Die einzelnen Festtermine wurden mit bekannten Symbolen,
der natürlichen Umgebung und in den zugehörigen Farben ausgestattet,
z.B. Weihnachtsbaum, Osterhase, Maibaum und Erntedank.

Im unteren Kasten finden sich wertvolle Informationen
zur Ausgestaltung der Jahreskreisfeste.

Poster, A1, vierfarbig
ISBN 3-927940-60-7
10,50 Euro, 19,30 SFR

(erhältlich in jeder guten Buchhandlung
oder direkt beimVerlag)

Der Jahreskreis